Ristorante
fioria

Chef Ropia

シェフ ロピア
小林諭史

極上のイタリアンおつまみ

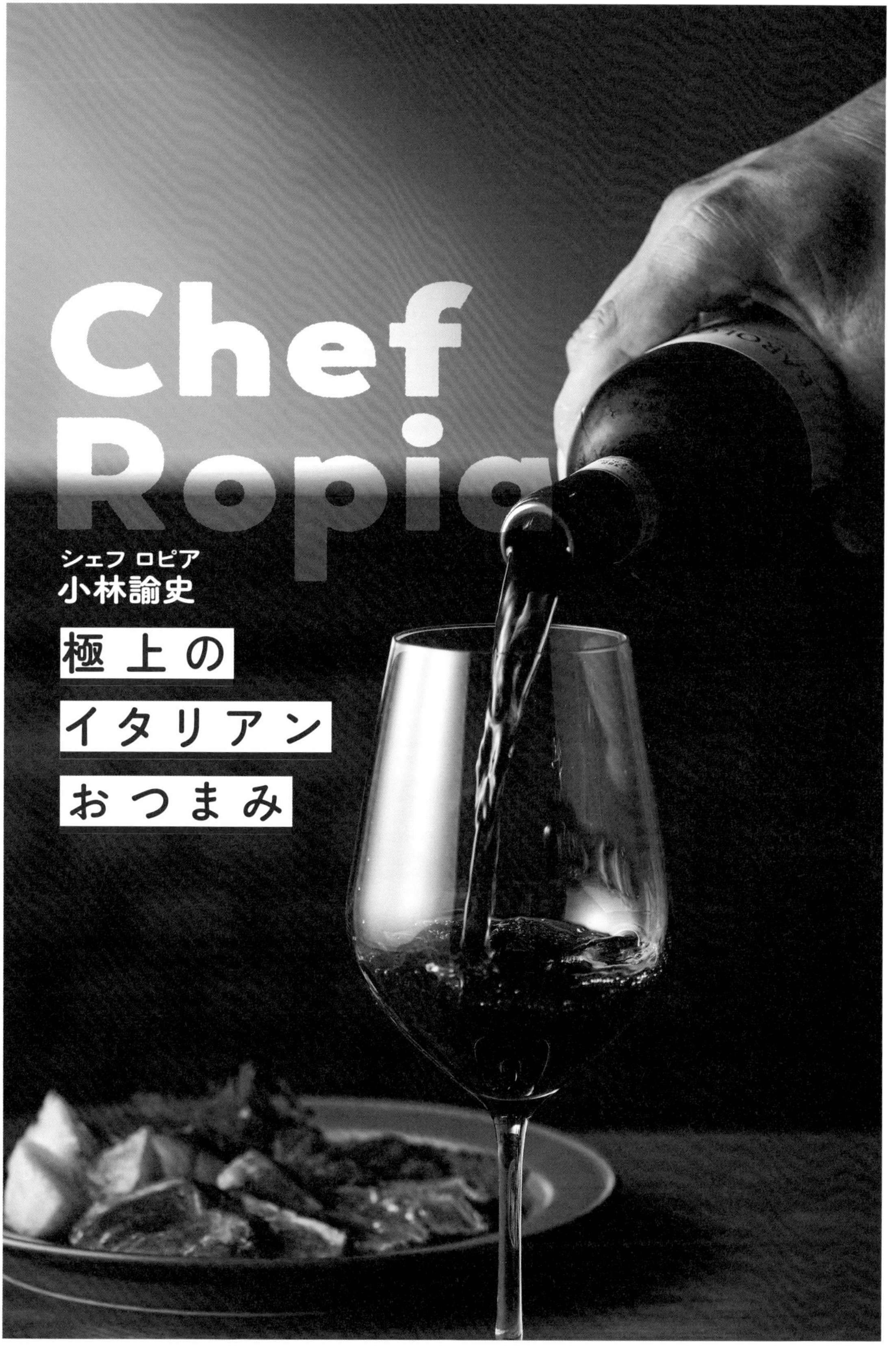

Prologue

おつまみは、料理を楽しむ上で最も大事なピース

「Chef Ropia 極上の〜」シリーズ第2弾をご購入いただき、誠にありがとうございます。

今回は、僕自身ずっと形にしたいと思っていた「おつまみ」がテーマです。自宅でイタリアンを食べる喜びを、作る楽しみを味わってほしくて1冊にまとめました。

おつまみは、いわば前菜にあたるものだと僕は考えていて、料理を楽しむ上で最も大事な部分であるとも考えています。

その日、これからどんな料理が出てくるのか？　どんな食事を楽しめるのか？

乾杯と共に出てくる一品目を目にした瞬間、その後に続くおいしい料理を想像し、皆さんの心は踊るのではないでしょうか。

数分で作ることができる手軽なものから、仕込みに少し時間や手間がかかるけど、間違いなく極上の味わいをお約束するレシピまで、幅広い内容でご用意しました。

簡単な前菜から、肉、魚介、パスタ、さらにはドルチェまで。皆さんもその日の気分に合わせて、自分なりのイタリアンおつまみをお楽しみください。

Contents

揃えておきたい基本の道具

道具を揃えると調理は一気にはかどります。立派なものでなくて構いませんので、
しっくりくるものを見つけましょう。将来の自分に対する投資だと思えますように。

a トング
食材をつかむために使いますが、ソースをかき混ぜたり、料理を盛り付けるなどさまざまな用途で活躍します。

b ゴムベラ
粘度のあるソースや小麦粉などをかき混ぜる際に使います。しなるので、ボウルのフチに沿って余さずすくうことができます。

c ストレーナー
液体から固形成分を取り除くために用います。なめらかな仕上がりにするためには欠かせません。

料理の仕上がりに差がつくワンランク上の道具

計量や温度管理といった細部にこだわると、料理はプロの味に一歩近づきます。
キッチンの環境を整えると、きっとやる気も出てくるはずです。

d デジタルスケール
料理で失敗しないために大事なのは使う食材や調味料の分量をきちんと計量すること。簡単に重さを量れるスケールは必須です。

e 赤外線温度計
温度管理がうまくいくと、料理のレベルはグッと上がります。揚げ物を作るときに重宝するのがこちら。油や食材に直接触れずに測れるので衛生的です。

f 料理温度計
厚みのある肉などの火の通り具合を確認したいときは、スティックタイプが便利です。食材をやわらかくする低温調理だって、これさえあれば失敗知らず。

プロの味に一歩近づく食材BEST3

イタリアンを作る上で使用頻度の高いものはこだわってもいいかもしれません。
おうちイタリアンを一気にお店のクオリティーに引き上げてくれます。

g オリーブオイル

いいオリーブオイルは少し値が張りますが、そのぶん料理のランクは間違いなく上がります。新鮮な野菜にまわしかけて塩をふるだけでも立派なサラダになります。

h 塩

塩の個性を知った上で使い分けると料理の幅が広がります。肉はシンプルなもの、サラダにはミネラル豊富な岩塩をかけると、さらに味わいが豊かになります。

i チーズ

シュレッドチーズは溶かして使いますが、粉チーズは風味を楽しみます。市販の粉チーズではなくパルミジャーノ・レッジャーノを削って使用すると香りがよくなります。

本書の使い方

1. レシピ名
2. ポイント
   押さえておきたい調理のポイントや、レシピにまつわるちょっとしたメモが書かれています。
3. 今、調理のどの段階にいるかを簡単に視覚化。
4. チェックポイント
   プロのシェフが気をつけているポイントを押さえれば、味が決まる!

本書のレシピの注意点

- 材料は基本的に2人前を目安に表記されています。
- 多くのプロがやっているように、レシピの分量はあえて「g（グラム）」単位で作成しています。スケールをぜひ活用してください。
- 「ひとつまみ」は、親指、人さし指、中指の3本の先でつまむくらいの分量です。小さじ$\frac{1}{5}$〜$\frac{1}{4}$とします。
- パスタの塩分濃度は1〜1.5%を目安としてください。ゆで汁に入れる塩をしっかりと計量するとおいしく仕上がります。1.5%の濃度は1ℓの水に15gの塩を入れます。
- パルミジャーノ・レッジャーノは粉チーズで代用可。
- 洗う、皮をむく、ヘタをとる、砂抜きをする、などの下ごしらえは省略しています。
- 特に指示がない場合、火勢は中火です。
- 冷蔵庫に入っていた肉は、しばらく常温においてから使ってください。
- フライパンはフッ素樹脂加工などを使用すると失敗が少なくなります。
- 作ったらすぐに食べてください。食べ残した場合は、冷蔵庫などで保存し、数日以内に再加熱してお召し上がりください。
- 揚げ油はサラダ油などを使用してください。
- レシピには目安となる分量や調理時間を表記していますが、食材や食材のサイズ、調理器具などによって個体差がありますので、様子を見ながら加減してください。

イタリアンおつまみに欠かせない作り置きのソース&オイルの作り方

いつもの食材にささっとかけたり、
添えるだけでお店から飛び出してきたような味わいに。
料理をもっとおいしくする魔法のソース&オイルをご紹介します。

トマトソース

salsa di pomodoro

トマトのうまみを
ぎゅっと閉じ込めた、
イタリアンの基本となる
万能ソース。

材料（作りやすい分量）

トマトホール缶	2缶（800g）
玉ねぎ（みじん切り）	½個
にんにく（みじん切り）	1片
オリーブオイル	60g
塩	5g
ローリエ	2枚

❶

鍋にオリーブオイル、にんにくを入れて中火にかけ、ふつふつとしてきたら弱火に落とし、にんにくの香りをオリーブオイルに移す。にんにくから香りが出てきたら玉ねぎを加える。

❷

味出しの塩（分量外）を軽くふって中火にする。ふつふつと沸いてきたら弱火に落としてじっくりとソテー。玉ねぎがきつね色になったら、トマト缶を加えて強火にし、鍋が煮立ったら弱火に落として、10分ほど煮込む。

❸

コンロの火で軽くあぶったローリエと塩を加え、さらに5分ほど煮込む。水分が飛んで軽くとろみがついたら完成。容器に移し替えて、冷蔵庫で1週間程度保存可能。

イタリアンソース

salsa italiana

香草の風味が豊かな
万能調味料。

材料（作りやすい分量）

玉ねぎ	200g
リンゴ酢	100g
オリーブオイル	250g
レモン	70g（1/2個分）
乾燥バジル	少々
乾燥オレガノ	少々
ピンクペッパー	少々

作り方

1. 玉ねぎを薄くスライス。レモンは半分にカット。ピンクペッパーはミルで細かくする。point：ピンクペッパーは袋に入れ棒などで叩いてもいい
2. レモン以外の全ての材料を加えミキサーにかけたら、仕上げにレモンを絞り入れて完成。

サルサヴェルデ

salsa verde

クセのない爽やかさと
あざやかな緑で
彩りを添える。

イタリア語で緑のソースという
意味の簡単ソース。
バジルではなく「イタリアンパセリ」を使うと
クセがなく爽やかな仕上がりに。

材料（作りやすい分量）

イタリアンパセリ	50g
オリーブオイル	20g
にんにく	1片
ケイパー	10g
玉ねぎ	1/6個
アンチョビ	12g（4枚）
レモン果汁	5g
塩	少々

作り方

1. すべての材料をフードプロセッサーに入れ、よく混ぜたら塩で調味して完成。

タプナードソース

salsa tapenade

肉のグリルや
野菜に添えるだけで
ワンランク上の
味わいになるディップソース。

材料

ブラックオリーブ	100g
ケイパー酢漬け	30g
アンチョビ	20g
オリーブオイル	20g
レモン果汁	10g

作り方

1. ブラックオリーブ、ケイパー、アンチョビをフードプロセッサーにかける。
2. ❶にオリーブオイルを少量ずつ加えてよく混ぜる。point：少量ずつ加えることでよく混ざる
3. 最後にレモン果汁を加え全体を合わせて完成。

保存のきく調味料を
混ぜるだけの簡単ソース。
魚料理やサラダに添えるだけで
ワンランク上の料理に変身。

トンナートソース

salsa tonnart

ツナのうまみを生かした
大人向けソース。

材料

ツナ缶	140g（2缶）
ケイパー	20g
アンチョビ	3枚
マヨネーズ	60g
レモン果汁	10g
粒マスタード	10g

作り方

1. ツナ缶、ケイパー、アンチョビをフードプロセッサーにかける。
2. ボウルに❶を取り出したら、残りの材料を入れ、よく混ぜ合わせて完成。

肉料理に合わせることが多いが、
魚でも野菜でも使える万能ソース。
粒マスタードを抜けば、
小さいお子さんでも食べられます。

常備しておくと便利なオイル類

香り豊かなオイルがあれば料理が一気に華やかに。
ドレッシング代わりにもどうぞ。

香草オイル
olio alle erbe

材料

- ローズマリー……1枝
- タイム……1枝
- ピュアオリーブオイル…100g
- 塩……1つまみ

作り方

1. 保存容器にすべての材料を入れて軽く混ぜたら完成。2〜3日後から使用可能。

レモンオイル
olio di limone

材料

- レモン果汁……50g
- オリーブオイル……150g
- 塩……1つまみ

作り方

1. すべての材料をよく混ぜたら出来上がり。

バルサミコオイル
olio balsamico

材料

- オリーブオイル……100g
- にんにく……1片
- バルサミコ酢……70g
- 塩……1つまみ

作り方

1. オリーブオイルと潰したにんにくを弱火にかけて香りを引き出す。
2. 別の鍋にバルサミコ酢と塩を入れとろみが出るまで煮詰める（とろみがあればそのままでもOK）。
3. ❶のにんにくを取り出し、❶と❷をよく混ぜたら完成。

Chapter 1

Piatto di carne

Piatto di carne

肉のおつまみ

piatto di carne

牛肉のタリアータ

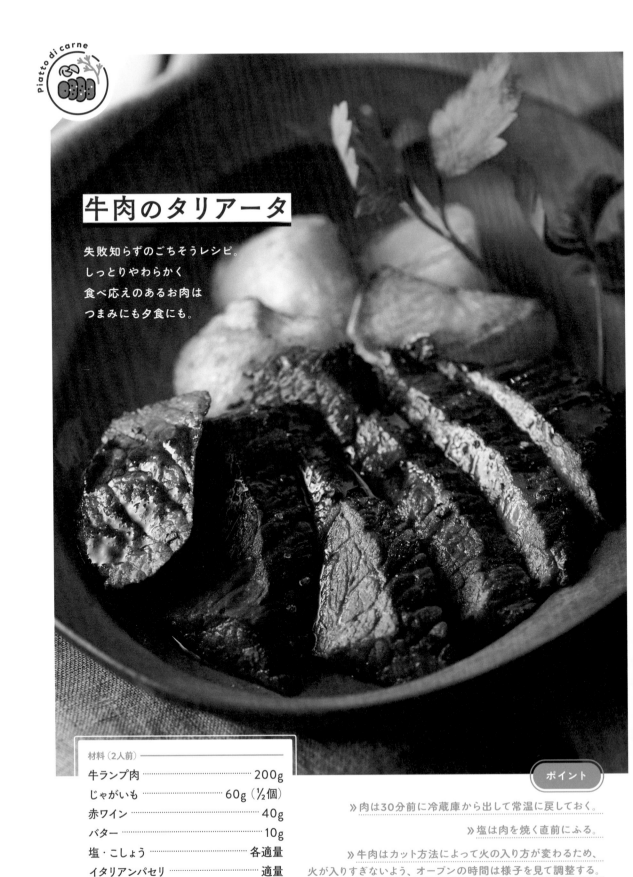

失敗知らずのごちそうレシピ。
しっとりやわらかく
食べ応えのあるお肉は
つまみにも夕食にも。

材料（2人前）

牛ランプ肉	200g
じゃがいも	60g（½個）
赤ワイン	40g
バター	10g
塩・こしょう	各適量
イタリアンパセリ	適量

ポイント

» 肉は30分前に冷蔵庫から出して常温に戻しておく。

» 塩は肉を焼く直前にふる。

» 牛肉はカット方法によって火の入り方が変わるため、火が入りすぎないよう、オーブンの時間は様子を見て調整する。

中火で何度もひっくり返すことで、
じっくりと中まで
火入れをすることが可能。
Start!

1 オリーブオイル（分量外）をひいたフライパンを中火で熱し、塩をふった牛肉をソテーする。表と裏を何度もひっくり返して、両面に焼き色がついたら取り出す。

2 180℃に予熱したオーブンで5分ローストする。

3 皮をむいたじゃがいもを沸騰した湯で下ゆでして、**1**のフライパンでソテーする。

4 じゃがいもを取り出したフライパンに赤ワインを加え、半量になるまで煮詰めたら火を消し、バターを入れて溶かす。

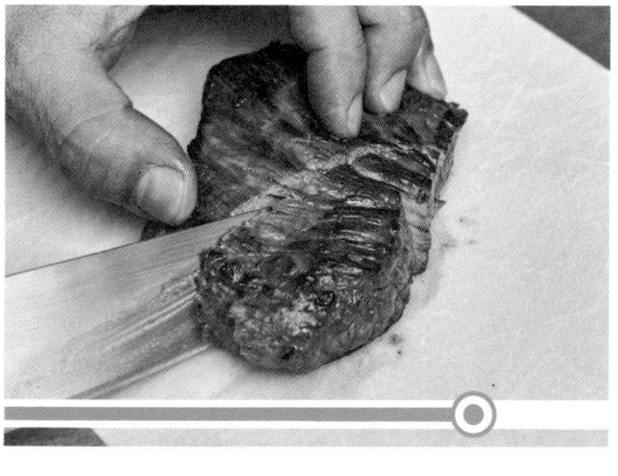

5 **2**の肉を好みの厚さにスライスして、じゃがいもと共に皿に盛り、**4**のソースをまわしかけてイタリアンパセリを添えたら出来上がり。

Piatto di carne

サルティンボッカ

イタリア語で「口に飛び込む」という
意味を持つ料理。
あっという間にできて、
とにかくおいしい！

材料（2人前）

豚ロース肉（4枚）	200g
白ワイン	70g
生ハム	4枚
オリーブオイル	適量
バジル	4枚
バター	20g
薄力粉	適量

ポイント

» 作ったらすぐに食べたいお手軽レシピ。

» 本来はセージの葉を使うが、入手しやすいバジルで代用。

Start!

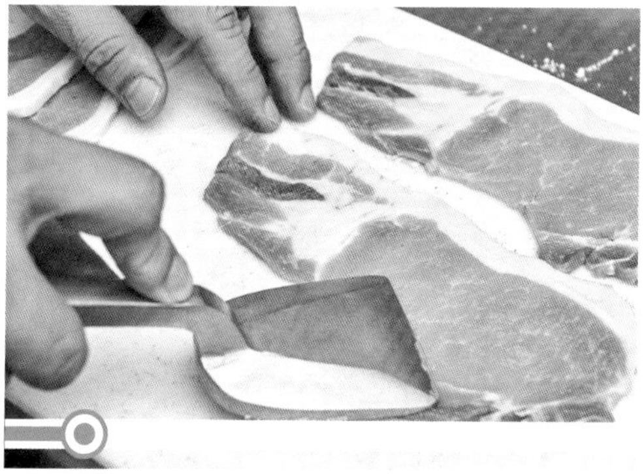

1 豚ロースのスライス肉を肉叩きで2〜3㎜まで薄く伸ばす。

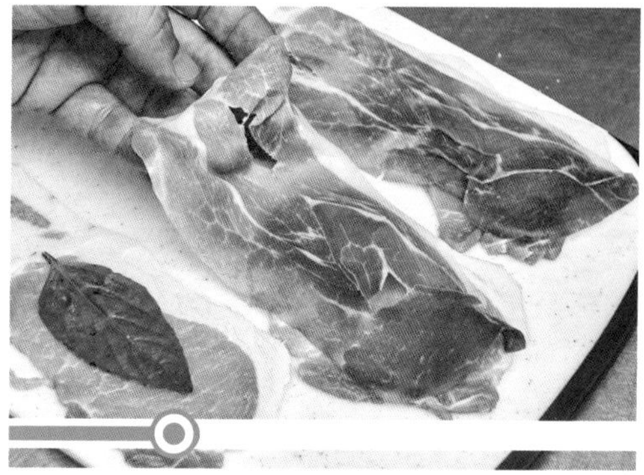

2 **1**の上にバジル、生ハムを順番に重ねる。

3 **2**の両面に、薄力粉を茶こしで薄くふる。

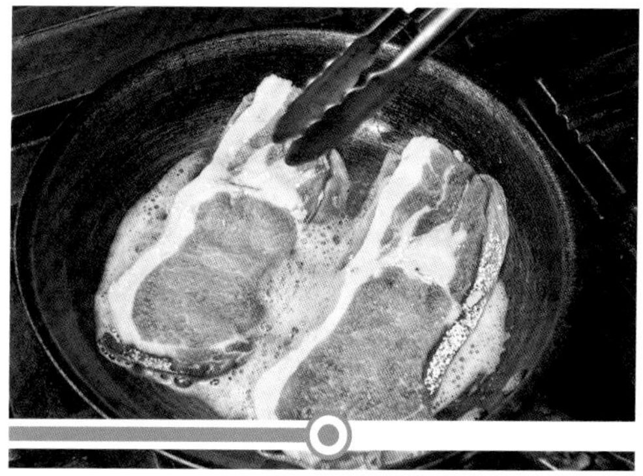

4 フライパンにオリーブオイルとバターをひき中火で熱し、バターが溶けたら生ハムを下にして弱火で1分ほどソテーする。焼き色がついたらひっくり返す。

5 白ワインを加えたら中火にし、とろみがつくまで煮詰めたら完成。

Piatto di carne

薄切り豚肉の
モッツァレラ包み焼き

ローズマリーの香りと
トロリとしたチーズが食欲をそそる、
イタリアではボンベッテと
呼ばれる人気料理。

材料（2人前）

豚ロース薄切り肉	200g
モッツァレラチーズ	40g
粉チーズ	10g
ローズマリー（みじん切り）	10g
パン粉	適量
塩・こしょう	各適量

ポイント

» 肉やチーズにこだわると、さらにおいしく仕上がる。

» 市販のパン粉でも、古くて硬くなったパンを細かく砕いて使ってもいい。

Start!

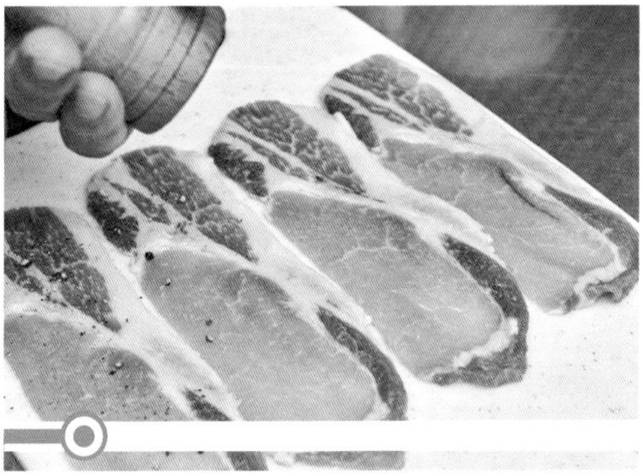

1 豚肉に軽く塩、こしょうをする。

ローズマリーはドライでもいいが、
フレッシュなものを使うと、
さらに香りがよくなります。

2 **1**に粉チーズと刻んだローズマリーの半量をふりかけ、その上にモッツァレラチーズをのせて、丸く包むように巻く。

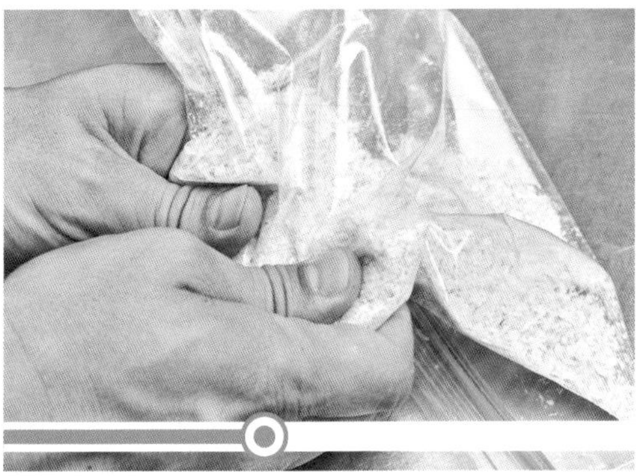

3 ビニール袋にパン粉を入れ、細かくもみほぐす。

4 バットに**3**と残りのローズマリーを混ぜ合わせたら、**2**の全体にまぶし楊枝でとめる。

足りなければ
さらに時間を追加。

5 トースターやオーブンに入れて、中のチーズが溶けるまで10分ほど焼いたら出来上がり。

イタリアン鶏ハム

ドレッシングや香草を加えることで
イタリアンテイストを出した、
気の利いた一皿。

材料（2人前）

鶏むね肉……1枚（約300g）
砂糖……4g
塩……4g
イタリアンソース（P.9）……適量
香草（ディルやタイムなど）……適量

ポイント

» 鶏むね肉を棒状にして加熱することで、丸いきれいなハムができる。

» 鶏肉をしっとり仕上げるため、余熱を利用してゆっくり火を通す。

Start!

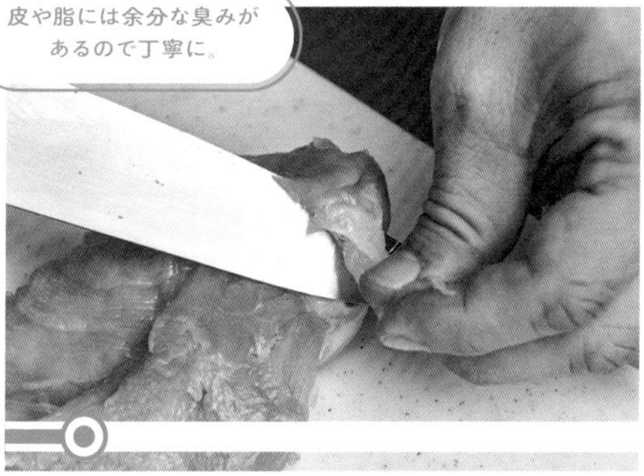

皮や脂には余分な臭みが
あるので丁寧に。

1 鶏むね肉は皮を取り除き、観音開きにする。

2 砂糖→塩の順番で、**1**に満遍なくすり込む。

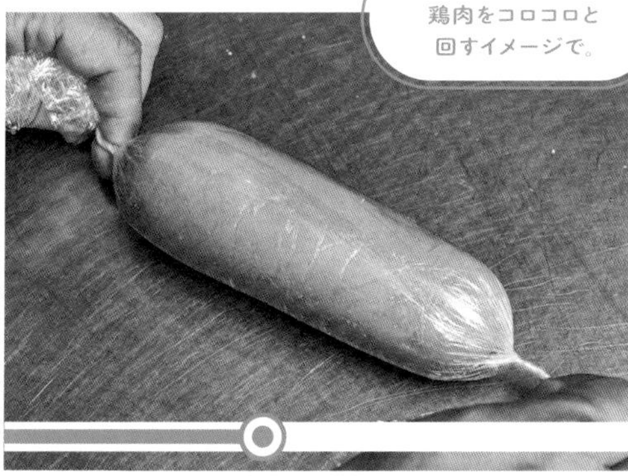

3 ラップで**2**をぴったりと包んで両端をねじり、丸い棒状にする。

4 沸騰した2ℓの湯の中に**3**を入れ、30分ほど弱火で加熱したら、火を止めて30分放置する。

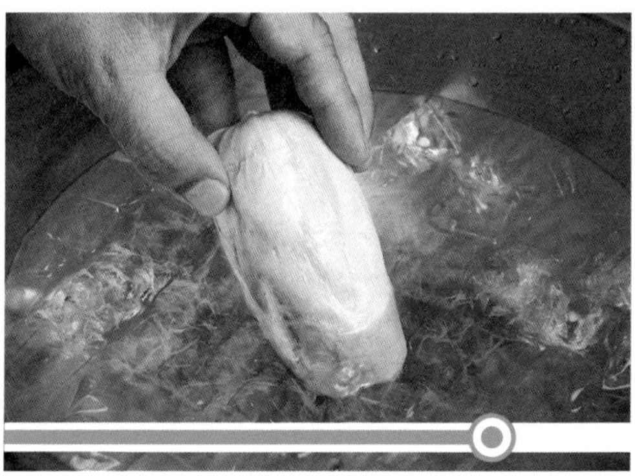

5 ラップを巻いた状態の**4**の粗熱を氷水で取り、冷蔵庫でしっかりと冷やしかたまったら、食べやすい大きさにカットして、イタリアンソースをかけ、みじん切りにした香草をちらして完成。

詰めないサルシッチャ

ゴロゴロした肉のうまみが
口の中ではじけお酒が止まらない一品。
多めに作っておいて、
パスタの具として使ってもOK。

材料（2人前）

	豚ひき肉	200g
	塩	2g
	黒こしょう	適量
	ローズマリー	10g
	レモンの皮	1個分
A	オリーブオイル	40g
	にんにく（みじん切り）	2片
	ローズマリー（香り付け用）	1枝
	粒マスタード	適量

ポイント

» 腸に詰めない、お手軽簡単レシピ。

» 豚肉に加える塩分は、肉の重量の1%～1.2%が食べやすい。

Start!

1 ローズマリーをみじん切りにする。

2 豚ひき肉と塩、黒こしょうを合わせ、粘りが出るまでよく混ぜ合わせる。

ローズマリーやレモンの皮はお好みで分量を調整する。

3 **2**に**1**と削ったレモンの皮を加えて、軽く混ぜ合わせる。

ラップの両端を持ってコロコロと回すイメージで。

4 ラップで**3**をぴったりと包んで直径3〜4cmの棒状にして両端をねじったら、1時間程度冷蔵庫で寝かせる。

5 フライパンに**A**を入れて中火で熱し、香りが出てきたら**4**のラップを外して加え、転がしながら焼き色をつける。

6 **5**から肉を取り出し、トースターかオーブンで180℃で5分ほど焼く。皿に盛り付け**5**の肉汁をまわしかけ、粒マスタード、ローズマリー、レモンを添えて完成。

Piatto di carne

鶏ささみと
パプリカのあえ物

パプリカの甘みと
バジルや大葉の爽やかな香りを
味わうチキンサラダ。

材料（2人前）

	鶏ささみ肉	200g（4本）
	パプリカ（赤・黄）	120g（各1/2個）
	イタリアンソース（P.9）	50g
A	バジル（みじん切り）	2枚
	大葉（千切り）	2枚
	白ごま	適量
	イタリアンパセリ	適量

ポイント

» パプリカは真っ黒になり不安になるが、きれいに洗い流せるので心配ありません。

» イタリアンソースを常備しておけば、簡単にあえ物に使えます。

Start!

1 沸騰した2ℓの湯で鶏ささみ肉を5分ほど弱火でボイルする。

さいたささみがまだ生っぽかったらレンジで加熱する。

2 ボウルにはった氷水で**1**を2〜3分冷やしたら、食べやすい大きさに手でさく。

3 パプリカは網などにのせ、直火の中火で外側が焦げて真っ黒になるまでしっかりと焼く。

4 **2**のボウルの氷水でパプリカの焦げた皮をきれいにはがしたら、しっかりと水けをきる。

5 **2**と食べやすい大きさにカットした**4**をあえたらイタリアンソースをかけ、**A**をちらして完成。

Piatto di carne

豚バラ肉のオレンジソース

豚肉のうまみと、
爽やかなオレンジ風味のバランスは
まさに食欲エンドレス。
食べすぎ&飲みすぎに
注意してください。

材料（2人前）

豚バラブロック	200g
玉ねぎ	¼個
白ワイン	40g
バター	10g
オリーブオイル	20g
イタリアンパセリ	適量
オレンジ果汁	50g
塩・こしょう	適量

ポイント

» 薄切り肉を使う場合は、玉ねぎを先にソテーしてから加えると肉が硬くなりにくい。

» 余熱でバターを溶かすモンテでとろみをつける。

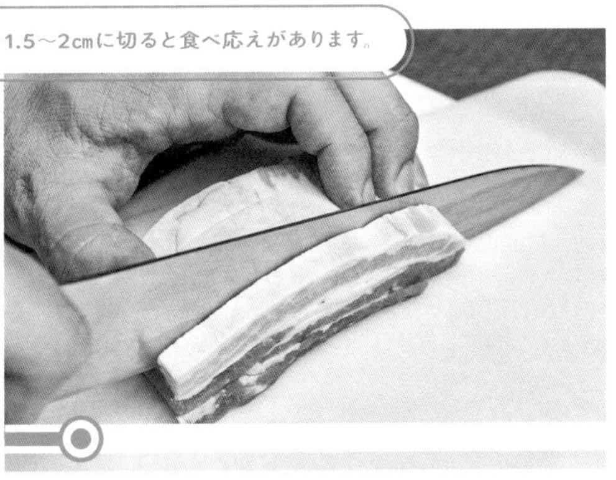

1.5〜2cmに切ると食べ応えがあります。
Start!

1 豚バラブロック肉をお好みの厚さにカットして塩（分量外）を軽くふる。

薄切り肉で作る場合は、

2 フライパンにオリーブオイルを入れ中火で熱して、**1**とくし形切りにした玉ねぎをソテーする。

3 豚肉の両面がきつね色になるまでしっかりソテーし、白ワインを加えてアルコール分を飛ばす。

4 オレンジの果汁を加え、中火で半量になるまで煮詰める。

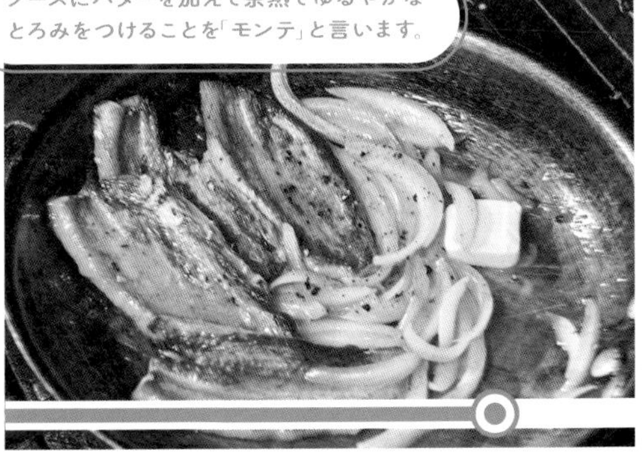

ソースにバターを加えて余熱でゆるやかな

5 火を消してバターを加え、鍋をゆすって溶かす。最後に塩、こしょうで調味して皿に盛り、イタリアンパセリを添えて完成。

Piatto di carne

アボカドのベーコン巻き

個性的なうまみを持った三銃士が勢揃い。
彼らが手を取れば
どんなお酒だって瞬殺間違いなし。

材料（2人前）

アボカド	80g（½個）
ベーコン（薄切り）	6枚
モッツァレラチーズ	60g
粉チーズ	10g
オリーブオイル	20g
黒こしょう	適量

ポイント

» 粉チーズとベーコンでうまみを重ねている。

» アボカドの代わりにズッキーニやアスパラ、夏野菜でも代用可能。

Start!

1 アボカドをくし形切りに6等分する。モッツァレラチーズも6等分にちぎる。

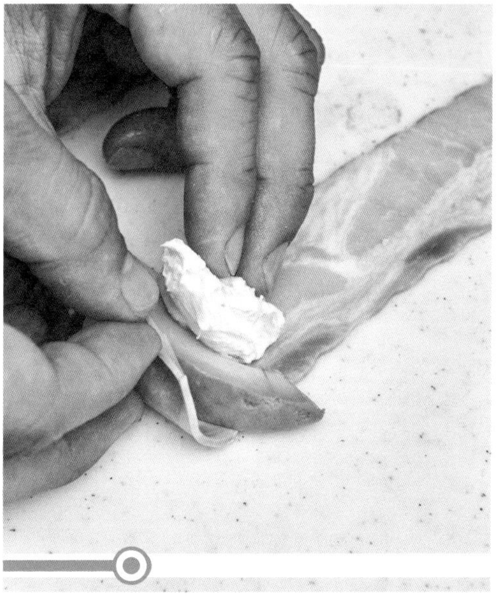

2 ベーコンに**1**をのせて巻いたら楊枝でとめる。

チーズを多くするとより濃厚に。

3 粉チーズとオリーブオイルをふりかける。

4 オーブンかトースターに入れて180℃で10分焼いたら皿に盛りつけ、黒こしょうを散らして出来上がり。

Piatto di carne

鶏のレバーペースト

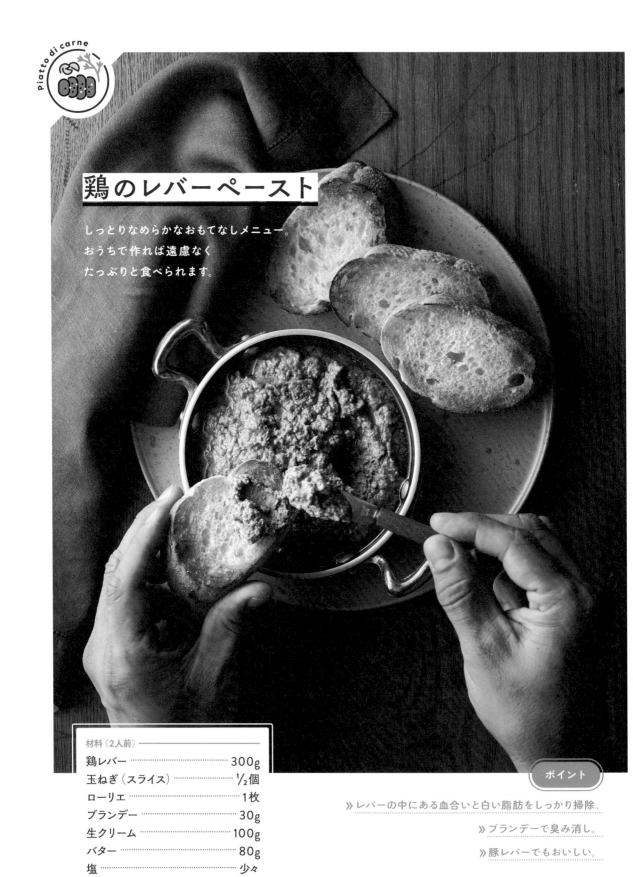

しっとりなめらかなおもてなしメニュー。
おうちで作れば遠慮なく
たっぷりと食べられます。

材料（2人前）

鶏レバー	300g
玉ねぎ（スライス）	1/2個
ローリエ	1枚
ブランデー	30g
生クリーム	100g
バター	80g
塩	少々

ポイント

» レバーの中にある血合いと白い脂肪をしっかり掃除。

» ブランデーで臭み消し。

» 豚レバーでもおいしい。

レバーを切って中にある
赤黒い血合いをしっかりとること。

Start!

1 レバーの白い脂肪、血合いをきれいに掃除する。

2 鍋にバター30gを溶かして、玉ねぎをしんなりするまで中火で炒める。

3 **1**とローリエを加えてさらに炒める。

4 レバーに焼き色がついたら塩をふり、ブランデーを加え、強火にしてアルコール分を飛ばす。

5 生クリームを加えて一煮立ちさせる。火を止めたら、ローリエを取り出し、残りのバター50gを加えて、余熱で溶かす。

ゴロゴロ食感を楽しみたいときは、
5のレバーを¼ほど取り出して
粗く刻んで**6**に加える。

6 ミキサーで**5**をよく混ぜ、ザルでこしたら完成。

Column 01

スケールでしっかり計量する

ざざっとオイルをかけ回して、塩を豪快にふる。プロの料理人は味付けを感覚と経験にまかせてパパっと作っているイメージがあるかもしれませんが、計量をおこたる一流料理人はいません。

毎日のように作っている料理は計量をしなくても体と舌が覚えていますからそれは別として、初めて挑戦するレシピや慣れない料理を作るときは必ず計量しています。

計量することのメリットは、もちろん失敗しないことです。

先人のシェフたちが工夫を重ねてきたレシピをなぞることで、長い時間をかけて研ぎ澄まされたレシピを簡単に再現できるのですから、これをまねしない理由はありませんよね。

絶対においしくなるってわかっているのに、ちょっとした計量の手間を面倒くさがって、それを逃してしまうなんてもったいないと思いませんか。

YouTubeの撮影で
お邪魔したシェフたちの
多くも、しっかり
計量していました。

Chapter 2

Piatto di mare

Piatto di mare

魚介のおつまみ

タコのカルパッチョ

生のタコが手に入ったら、
ぜひ試してほしいレシピ。
ほったらかしなのに、
驚くほどのやわらかさを
ご堪能ください。

材料（2人前）

ゆでダコ（足部分）	150g
ローリエ	1枚
塩	100g
イタリアンパセリ	適量
大葉	2枚
パプリカ（赤・黄）	1/6個ずつ
レモンオイル（P.11）	適量
黒こしょう	適量

ポイント

» タコはゆっくりと火を通すことでやわらかい食感に。

» 火入れの際に香草を加えて香りをまとわせる。

※①～④は、生のタコ足1本分の調理の工程です。
カルパッチョにはゆで上がった150gをご使用ください。

しっかりと洗う。

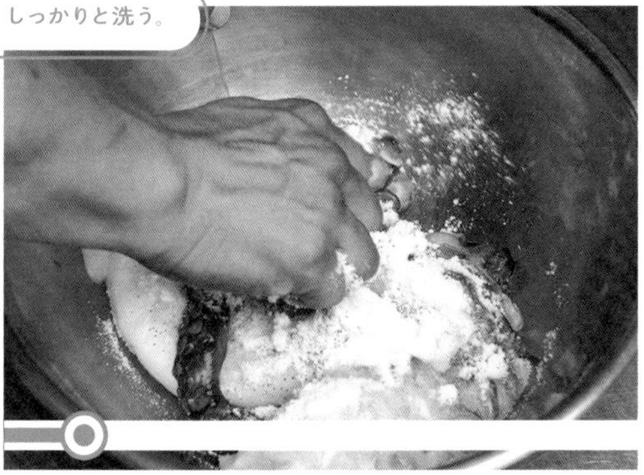

Start!

1 生タコは塩をまぶして粘りが消えるまでしっかりともんだら、水で洗い流す。

2 鍋にたっぷりの湯を沸かし、**1**とローリエ、塩ふたつまみを加える。

3 **2**が煮立ったら火を消して、鍋にふたをして4時間常温で放置する。

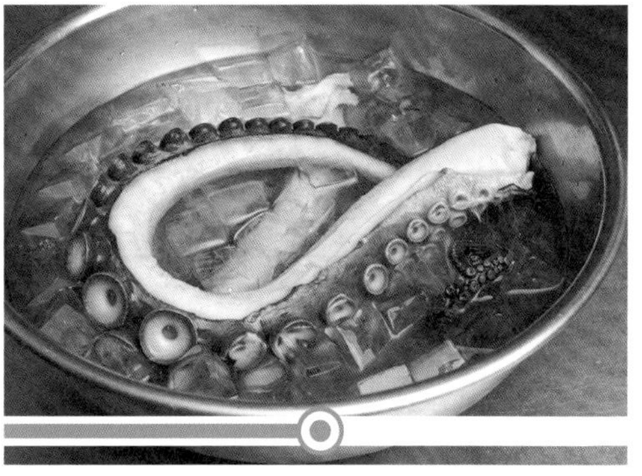

4 水と氷を入れたボウルに**3**を入れ、タコをしっかり冷やす。

切る厚さで
いろいろな食感が楽しめる。

5 **4**を好みの厚さにスライスする。

6 パプリカ、大葉、イタリアンパセリを粗みじんにし、皿に並べたタコの上にちらす。仕上げにレモンオイルと黒こしょうをかけて完成。

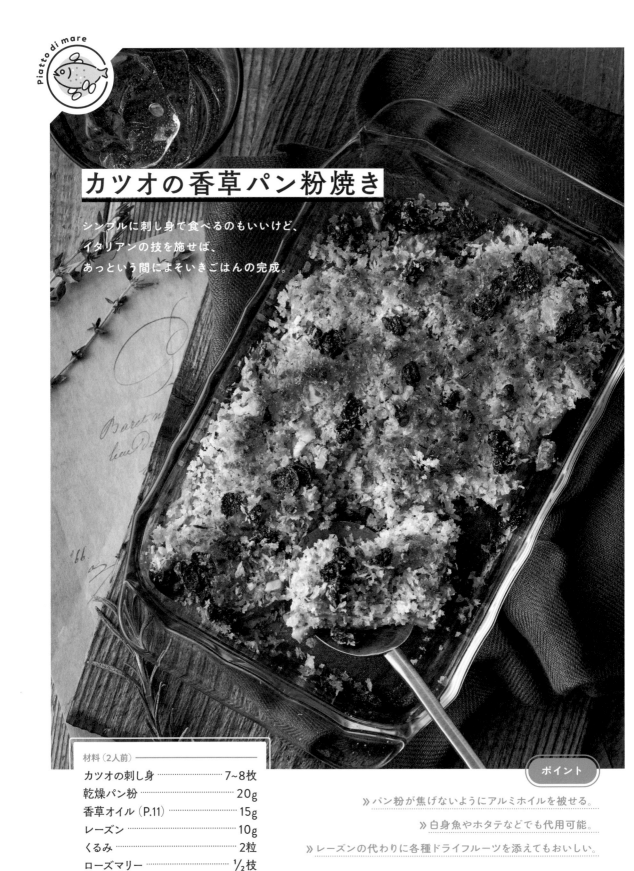

Piatto di mare

カツオの香草パン粉焼き

シンプルに刺し身で食べるのもいいけど、
イタリアンの技を施せば、
あっという間によそいきごはんの完成。

材料（2人前）

カツオの刺し身	7~8枚
乾燥パン粉	20g
香草オイル（P.11）	15g
レーズン	10g
くるみ	2粒
ローズマリー	1/2枝

ポイント

» パン粉が焦げないようにアルミホイルを被せる。

» 白身魚やホタテなどでも代用可能。

» レーズンの代わりに各種ドライフルーツを添えてもおいしい。

大きくカットすると食感を楽しめる。

Start!

1 レーズン、くるみ、ローズマリーを粗く刻む。

2 **1**とパン粉、香草オイルをボウルに入れてよく混ぜ合わせる。

塩をふって臭みを取る。

3 カツオの刺し身の両面に軽く塩(分量外)をふる。

上のタネが焦げやすいので、
アルミホイルで熱の入り方を調整する。

4 **3**に**2**をのせたら、上にアルミホイルを被せてトースターで10分焼く。アルミホイルをとってさらに5分ほど熱する。パン粉に焼き色がついたら、皿に盛り付けローズマリー(分量外)を添えて完成。

Piatto di mare

アクアパッツァ

ベーコンを加えることで
うまみの相乗効果を
生み出したアレンジレシピ。
スープも飲み干すうまさです。

材料（2人前）

キンメダイ	1匹（30cm）
ベーコン	20g
水	適量
あさり	20粒
オリーブオイル	50g
ドライトマト	4粒
イタリアンパセリ（みじん切り）	適量
塩	5g

ポイント

» 魚は中骨に沿って隠し包丁を入れる。
» 強火で調理することで、身がふっくら仕上がる。
» 魚の皮がはがれやすいので、加熱時にあまり動かさない。

塩をふって臭みを取る。
Start!

1 キンメダイの表側に骨に沿って飾り包丁を入れ、両面に塩をふる。

2 フライパンにオリーブオイル20gと**1**を入れ中火でソテーする。

3 食べやすい大きさに切ったベーコンを加え、焼き色をつけるように中火でしっかりソテーする。

しっかり強火で加熱する。

4 残りのオリーブオイルとあさり、ドライトマトを加え、ひたひたになるまで水を加えたら、半量になるまで強火で煮詰める。

あさりに火を入れすぎると
硬くなるので注意。

5 あさりの口が開いたら一旦取り出し、強火でさらに煮詰めていく。スープが乳化してとろみがついたら、鍋にあさりを戻してイタリアンパセリをちらし、皿に盛り付けて完成。

ホタテとなすのソテー

素材を生かしたいから
ソースのうまみだけでいただく、
プチぜいたくレシピ。

材料（2人前）

ホタテ貝柱	4個
なす	1本
イタリアンソース（P.9）	20g
オリーブオイル	30g
塩	適量
イタリアンパセリ	適量

ポイント

» ホタテはさっと加熱することでやわらかく仕上がる。

» イタリアンソースを使えば深い味わいが簡単に出せる。

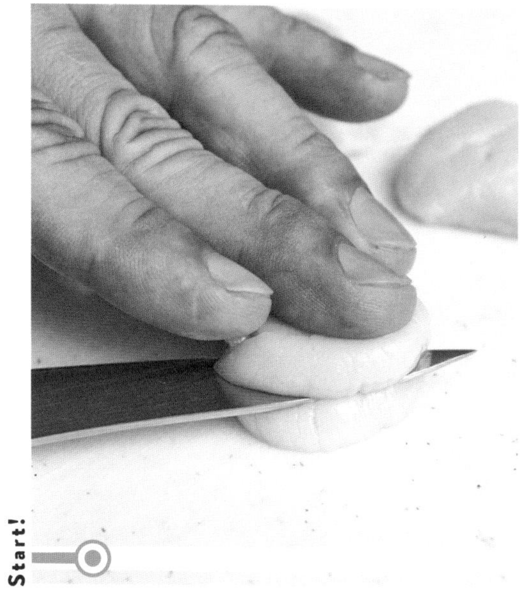

1 ホタテは食べやすい大きさにカットする。なすは1㎝厚さの輪切りにする。

焦らずじっくり焼き色をつける。

2 フライパンでオリーブオイルを弱火で熱し、なすを焼き色がつくまでソテーする。

なすがくたっとしたタイミングで
ホタテを入れる。

3 なすに火が通ったらホタテを加える。

4 ホタテに薄く焼き色がついたらイタリアンソースを加えて少し煮詰める。塩で軽く味をととのえたら皿に盛り付け、イタリアンパセリを添えて完成。

Piatto di mare

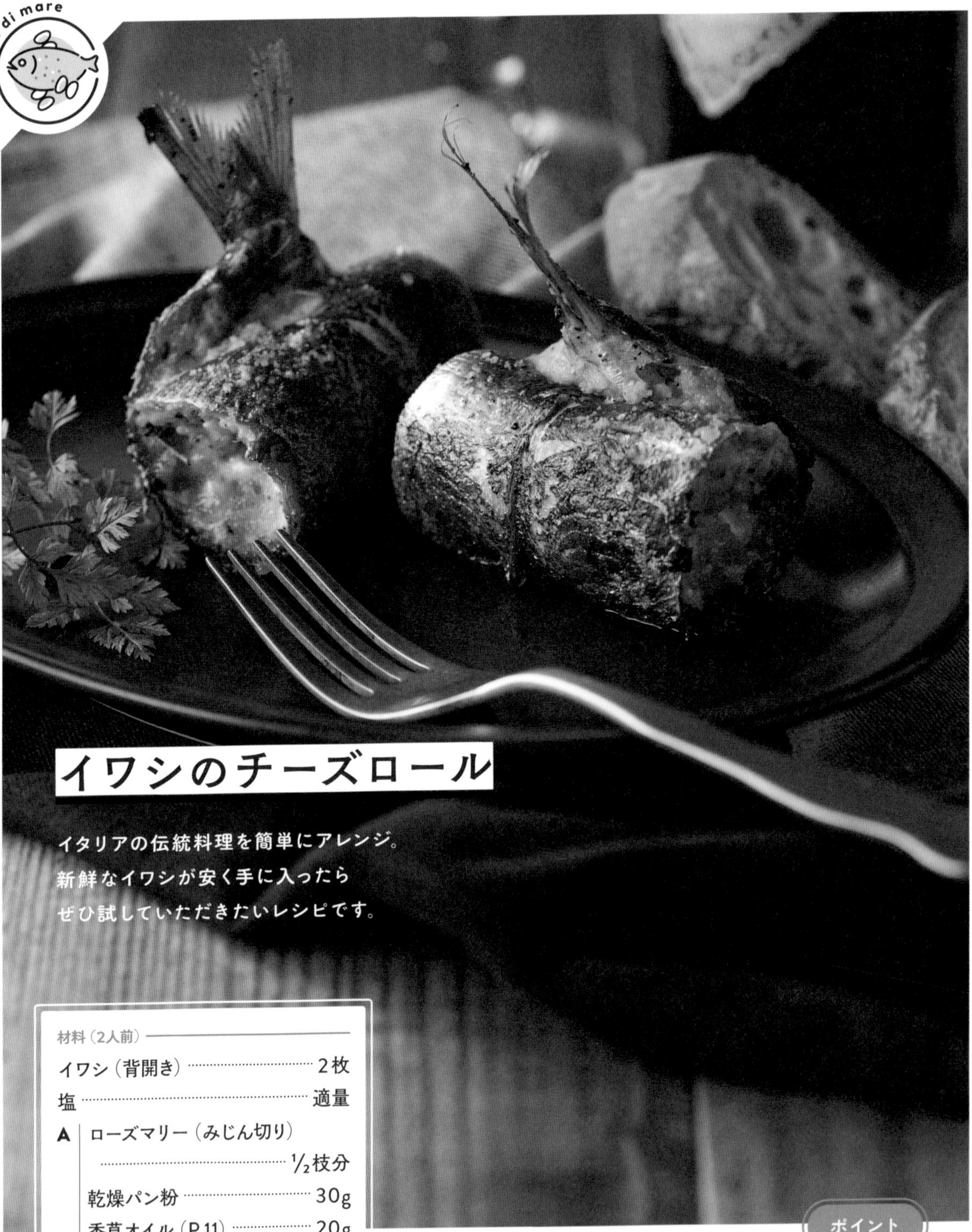

イワシのチーズロール

イタリアの伝統料理を簡単にアレンジ。
新鮮なイワシが安く手に入ったら
ぜひ試していただきたいレシピです。

材料（2人前）

- イワシ（背開き）……2枚
- 塩……適量
- A
  - ローズマリー（みじん切り）……½枝分
  - 乾燥パン粉……30g
  - 香草オイル（P.11）……20g
- シュレッドチーズ……30g
- オレンジ果汁……80g
- 水……20g
- オリーブオイル……10g

ポイント

» パン粉を減らしてチーズを多めにするとリッチな仕上がりに。

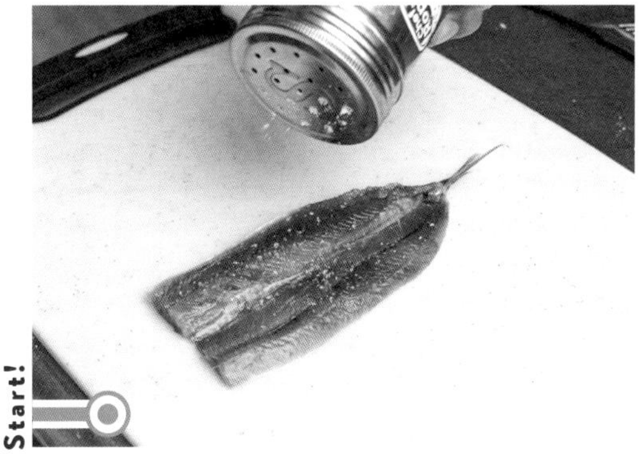

1 イワシの両面に軽く塩をふる。

軽くぎゅっと握ったときに
かたまるくらいの硬さに。

2 **A**をボウルに入れて混ぜ合わせ、タネを作る。

3 イワシに**2**、シュレッドチーズをのせて、尾びれに向かって巻いたら、楊枝でとめる。

4 フライパンにオリーブオイルをひき、中弱火でイワシを転がしながらソテーしてしっかり焼き色をつける。

5 水、オレンジ果汁を加えたらふたをして、弱火で数分蒸し煮にし、火が通ったら完成。

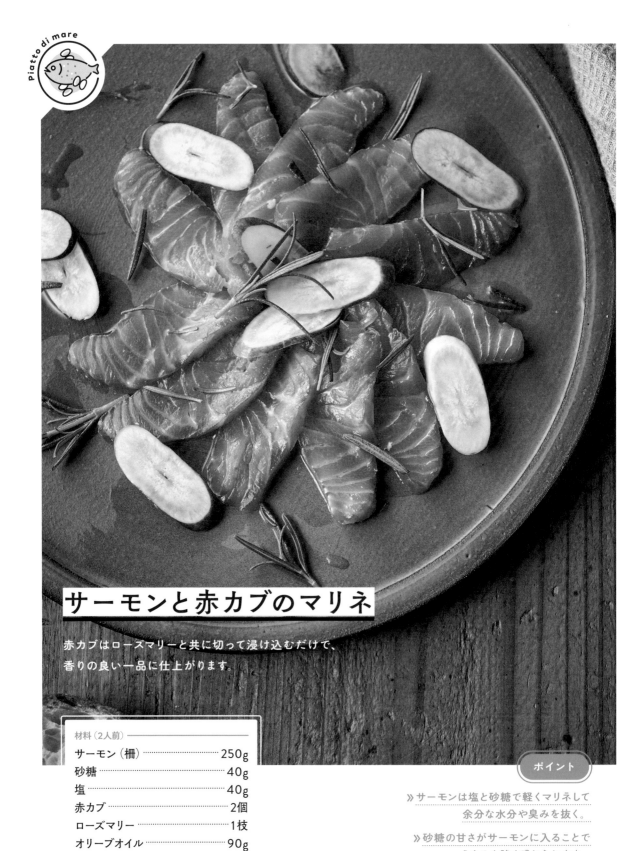

サーモンと赤カブのマリネ

赤カブはローズマリーと共に切って浸け込むだけで、
香りの良い一品に仕上がります。

材料（2人前）

サーモン（柵）	250g
砂糖	40g
塩	40g
赤カブ	2個
ローズマリー	1枝
オリーブオイル	90g

ポイント

» サーモンは塩と砂糖で軽くマリネして余分な水分や臭みを抜く。

» 砂糖の甘さがサーモンに入ることでうまみも強く感じられます。

1 砂糖、塩の順番でサーモンに満遍なく擦り込み1時間ほど寝かせる。

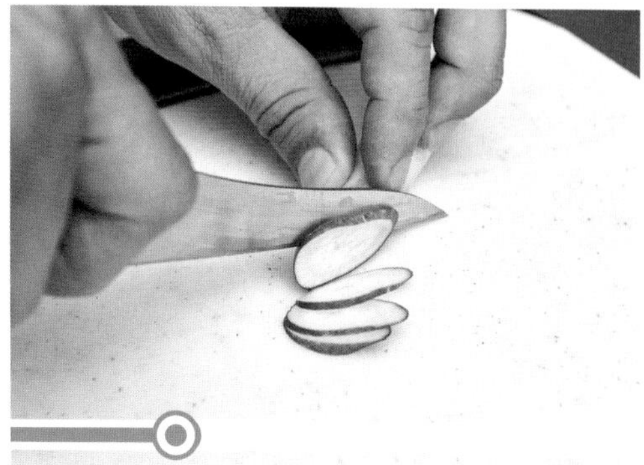

2 赤カブは食べやすい厚さにカットする。

ローズマリーの香りを
しっかりとまとわせる。

3 オリーブオイル、ローズマリーと赤カブを1時間マリネする。

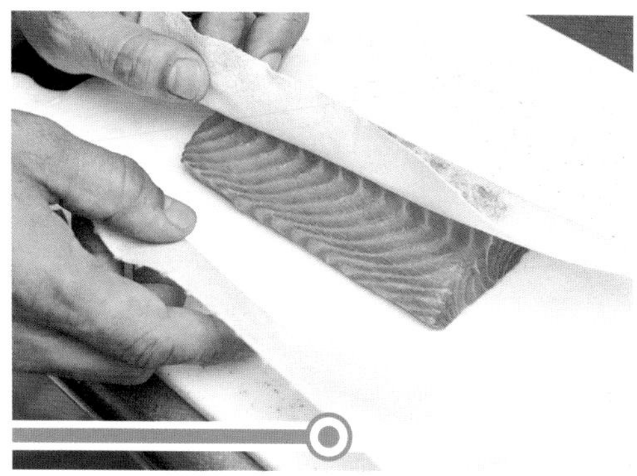

4 **1** のサーモンをさっと水で洗い流して水けを拭きとる。

5 スライスしたサーモンと **3** のカブを皿に盛り付けたら出来上がり。

あさりの白ワイン蒸し

シンプルだけど貝のうまみが贅沢な一品。
フライパンひとつでできて、
どんなお酒にも合うので、
おもてなしの前菜にもぴったり。

材料（2人前）

- あさり……20粒
- 白ワイン……70g
- にんにく（スライス）……1片分
- イタリアンパセリ……適量
- オリーブオイル……適量

ポイント

» 白ワインはもちろん発泡系のお酒との相性もグッド。

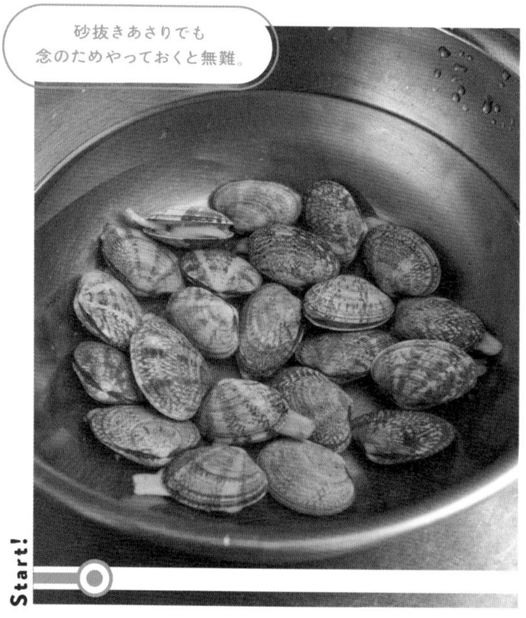

砂抜きあさりでも
念のためやっておくと無難。
Start!

1 あさり同士をこすって洗ったら3%の塩水に入れ、暗いところに2〜3時間おいて砂を抜く。

2 フライパンにオリーブオイルとにんにくを入れ、弱火でじっくり香りを引き出す。

にんにくがいい色に
なったところで
ワインを加える。

3 にんにくが茶色く色づいてきたら、あさりと白ワインを加え、一度強火で沸騰させてアルコール分を飛ばし、フタをする。

4 貝の口が開いたら、刻んだイタリアンパセリをちらして、皿に盛り付ける。最後にオリーブオイルをまわしかけて完成。

Piatto di mare

白身魚のチーズ焼き

あっさりとした白身魚にチーズが翼を与える。
よく冷えた白ワインと一緒にどうぞ。

材料（2人前）

白身魚の切り身	200g
卵	1個
粉チーズ	40g
塩・こしょう	各適量
トンナートソース（P.10）	適量
オリーブオイル	適量

ポイント

» チーズが焼けるとかたまるため、魚をフライパンに入れたら動かさずにじっくりと焼く。

» 粉チーズはうまみの強いパウダータイプを使うとチーズの風味が増しておいしい。

Start!

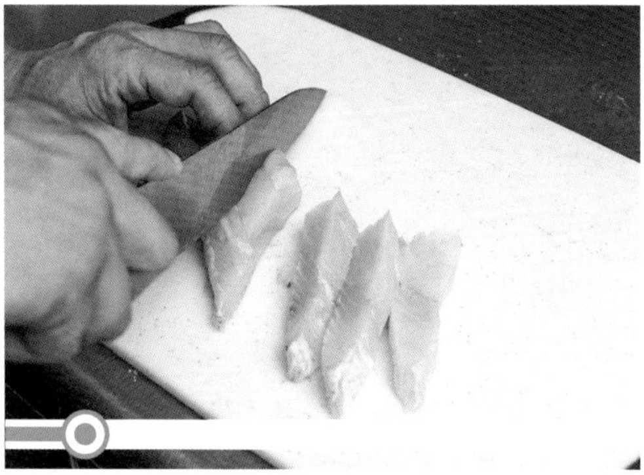

1 白身魚は2㎝厚さにスライスする。

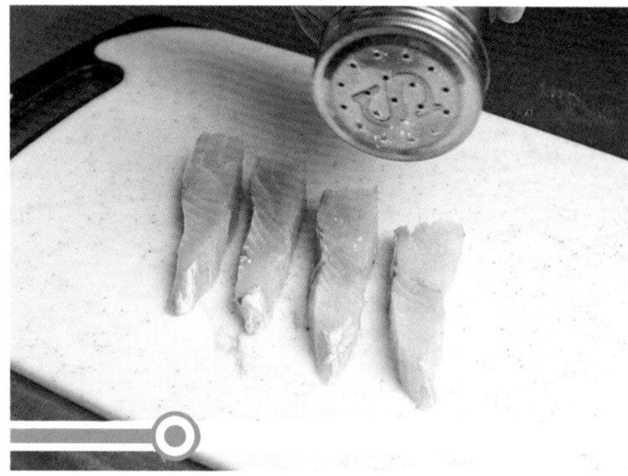

2 **1**に軽く塩をふって下味をつける。

3 ボウルに卵を溶きほぐし、**2**をつける。

満遍なくつけると濃厚な仕上がりに。

4 **3**に粉チーズをつける。

5 オリーブオイルをひいたフライパンに入れて極弱火でソテー。両面がきつね色になるまでじっくりと焼き上げたら皿に盛り、お好みでトンナートソースを添えて出来上がり。

魚介のズッパ

新鮮な魚介のうまみが凝縮された、
ごちそうスープ。
シンプルに煮込んだだけなのに
驚くべきおいしさ。

材料（2人前）

あさり	10粒
ムール貝	4粒
白身魚	30g
タコ	20g
えび	4尾
いか	20g
トマトソース（P.8）	90g
白ワイン	40g
水	適量
塩	適量
オリーブオイル	25g
にんにく	1片
鷹の爪	1本
イタリアンパセリ	適量

ポイント

» 魚介類の数や品種を増やすと、さらに深い味になる。

» 魚介のうまみが出たスープはバゲットと一緒に食べてもおいしい。

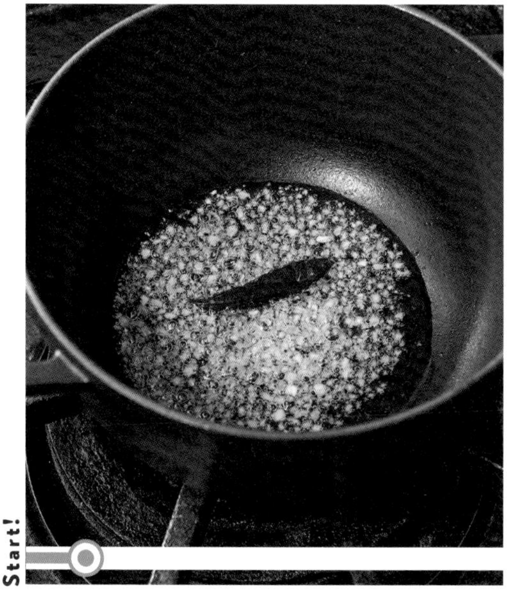

1 フライパンにオリーブオイルとにんにく、鷹の爪を入れ、香りが立つまで弱火でじっくりソテーする。

水分を入れ
にんにくが焦げるのを防ぐ。

2 にんにくが色づき香りが立ったら、あさり、ムール貝、白ワインを加え一度強火で沸騰させてアルコール分を飛ばす。

3 その他の魚介類を加える。

4 トマトソースと具材がひたひたになるくらい水（分量外）を加え、中火で10分ほどぐつぐつと煮込む。塩で調味して、オリーブオイルをまわしかけたら、皿に盛り付けてイタリアンパセリを散らして完成。

Column 02

しっかりと温度を管理する

ふわふわ卵のオムライスはうちの人気メニューですが、一番難しいのはどのタイミングで卵を入れるかです。

うちに修業にくる若者にもまずはオムライスの作り方を学んでもらいます。単純だからこそ、おいしく作るのがとても難しい。オムライスこそ料理の基本であると私は考えています。You Tubeでも、オムライスの動画は人気があります。

私たち料理人は経験で温度やタイミングを学びますが、デジタル温度計を活用することで、あっという間にプロと同じものを作ることができます。

私たちの仕事は時間との戦いでもあるので、経験で温度を判断します。肉を焼く時は鉄串を肉に刺しそれを唇などに当てて判断しますが、これもデジタルで解決できるわけです。

中までじっくり火を通したジューシーな焼き上がりのお肉も、ふわふわオムレツも、温度計があれば自宅で再現できます。ぜひ作ってみてください。

赤外線温度計は
揚げ油の温度を
測るときにも重宝します。

Chapter 3

Antipasto

簡単おつまみ

アスパラガスの卵ソース

アスパラのうまみを最大限に引き出す
イタリア人の知恵が詰まった一皿。
チーズのうまみと
オリーブオイルの香りでお酒が進みます。

材料（2人前）

- グリーンアスパラガス …… 5本
- A
  - 卵 …… 1個
  - 牛乳 …… 40g
  - 塩 …… 適量
  - 粉チーズ …… 20g
- 黒こしょう …… 適量

ポイント

» ホワイトアスパラガスを使うと本場の味に。

» 卵にゆっくりと火を入れることで、
スクランブルエッグのようにもったりとした仕上がりに。

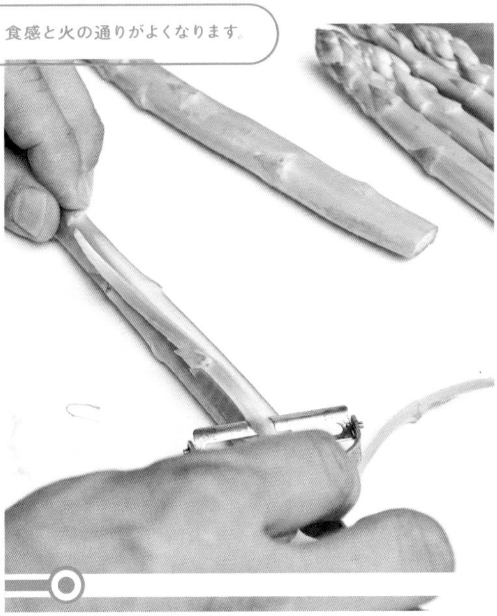

食感と火の通りがよくなります。
Start!

1 アスパラガスは下半分の皮をピーラーでむく。

2 **1** を沸騰した湯で3分ゆでる。

かたまらないように注意。

3 ボウルに**A**を混ぜ合わせ、湯をはった鍋（もしくは別の大きなボウル）で湯せんしながら、絶えずゴムベラでかき混ぜ加熱する。

4 **3** がかたまり始めてもったりとしてきたら **2** のアスパラガスにかけて、仕上げに粉チーズ（分量外）と黒こしょうをお好みでまわしかけて完成。

きのこのヴィネグレットマリネ

きのこのうまみがたっぷりで、
ワインにもよく合います。
バゲットにのせてもおいしい一皿。

材料（2人前）

エリンギ		100g（2本）
まいたけ		50g
しいたけ		5枚
しめじ		1株
白ワインビネガー		50g
A	レモン果汁	10g
	砂糖	5g
	塩	ひとつまみ
オリーブオイル		20g

ポイント

» きのこを炒めるときはオイルをひかずに強火でしっかり焼き目をつける。

» 水分をしっかり飛ばすことで風味もうまみも格段にアップ。

» 白ワインビネガーの代わりにリンゴ酢など甘めの酢を使ってもOK。

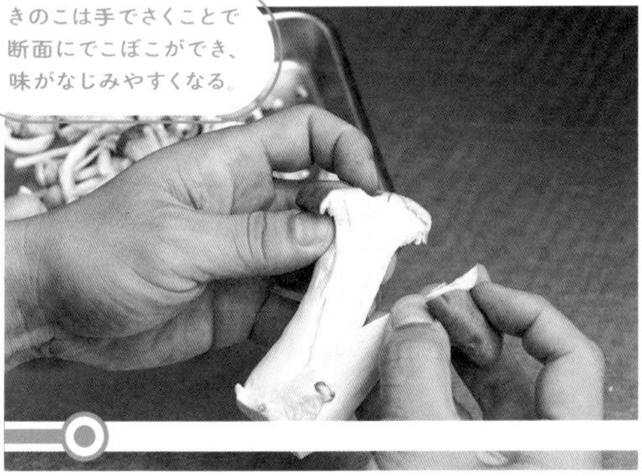

きのこは手でさくことで
断面にでこぼこができ、
味がなじみやすくなる。

Start!

1 きのこは食べやすい大きさに手でさく。しいたけは厚めにスライスする。

2 フライパンにきのこを入れて、強火にかけ、水分を飛ばすようにしっかり炒める。

3 **2**に白ワインビネガーを加え、半量になるまで煮詰める。

4 **A**を加え合わせ、しばらく炒めて火を止める。

味をなじませる。

5 **4**をバットに移したらオリーブオイルをまわしかけ、一晩しっかりマリネして完成。

オイルサーディンと玉ねぎのガーリックマリネ

缶詰があればすぐに作れるお手軽レシピ。
一晩寝かしたほうが味が落ち着きます。

材料（2人前）

- オイルサーディン缶……1缶
- オリーブオイル……70g
- 玉ねぎ……100g
- ベーコン……30g
- にんにく（みじん切り）……2片
- 唐辛子（小口切り）……1g（1本分）
- 塩……適量

ポイント

» 食べたいときにササッと作れる時短おもてなしレシピ。

» さばの水煮缶などでもおいしくできます。

少し厚めにカットすることで食感を出す。

Start!

1 玉ねぎは3㎜厚さにスライスする。

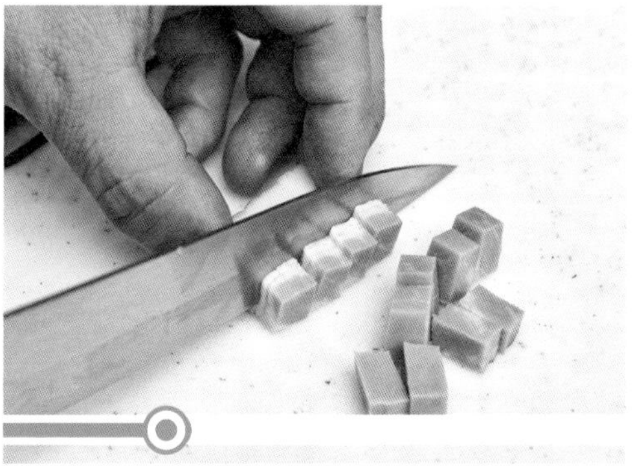

2 ベーコンは1㎝角にカットする。

じっくりとうまみを出す。

3 フライパンにオリーブオイルとベーコンを入れて弱火にかける。

4 玉ねぎ、唐辛子を加えて中火にし、玉ねぎが透き通ったら、軽く塩をふる。

オイルごと入れてうまみを凝縮する。

5 にんにくとオイルサーディン缶の中身をオイルごと加え、にんにくが色づくまで炒めたら完成。

6 すべての材料を保存容器に入れて冷蔵庫で一晩マリネすると、より味が落ち着きます。

Antipasto

タコとセロリのサラダ仕立て

酸味と甘さのバランスがとにかく絶妙。
暑い時季にさっぱり食べられるおつまみサラダ。

材料（2人前）

ゆでダコ（P.34）	100g
セロリ	60g（1本）
じゃがいも	150g（1個）
オリーブオイル	20g
レモン果汁	10g
粒マスタード	10g
はちみつ	3g
イタリアンパセリ	適量
塩	適量

作り方

1 ボイルしたタコを3㎜程度の薄切りにする。じゃがいもは皮をむいて竹串がすっと刺さる程度にボイルしたら2㎝角にカット。セロリは筋を取り、薄く斜め切りにする。

2 ボウルに塩以外のすべての材料を入れて、全体を軽く合わせたら塩で調味して完成。

ポイント

» ゆでダコは「タコのカルパッチョ」（P.34）を参照。

» レモンの酸味とハニーマスタードの甘さのバランスが大事。

材料（2人前）

レタス	120g（1/4個分）
サニーレタス	1枚
グリーンリーフ	1枚
トレビス	1枚
粉チーズ	適量
にんにく	1片
オリーブオイル	20g
イタリアンソース（P.9）	適量

作り方

1 フッ素樹脂加工のフライパンに粉チーズを敷き詰め、極弱火でゆっくり溶かしきつね色になったら取り出して粗熱を取る。

2 1のフライパンにオリーブオイルとスライスしたにんにくを入れ、極弱火で加熱してきつね色になったら、イタリアンソースを加えて混ぜ合わせる。

3 葉野菜を皿に盛り付けて、1のチーズを割り入れ、2をまわしかけて完成。

ポイント

» 溶かしたチーズは粗熱が取れるとかたまります。粉チーズの煎餅を作るようなイメージ。

» にんにくは半分にカットし、芽を取ってからスライス。

Antipasto

焼きチーズとフライドガーリックのイタリアンサラダ

簡単だけど、おつまみにぴったり。
焼きチーズをサラダのトッピングにしたら
目から鱗のおいしさ。

Antipasto

ベーコンとナッツの熱々ドレッシングサラダ

ベーコンのうまみと
ビネガーの酸味の相性の良さを楽しむための一皿。
ナッツの歯応えも楽しんでください。

材料（2人前）

ベーコン	30g
アーモンド	5粒
くるみ	1粒
レタス	3枚
サニーレタス	1枚
グリーンリーフ	1枚
トレビス	1枚
白ワインビネガー	50g
オリーブオイル	20g
塩	ひとつまみ
粉チーズ	20g

ポイント

» ナッツ類の香ばしさが病みつきになるおいしさ。

» 熱々のドレッシングが驚くうまさ。

ベーコンのうまみをしっかり引き出す。

Start!

1 フライパンにオリーブオイル5gをひいたら、5㎜角に切ったベーコンを入れてしっかりとソテーする。

2 粗く刻んだアーモンドとくるみを加え、さらにソテーする。

煮詰めてうまみを凝縮させる。

3 白ワインビネガーを加えたら、中火で半量まで煮詰める。

4 オリーブオイル15gと塩を加え全体を混ぜ合わせ、火を止めたら、サラダにまわしかけ、仕上げに粉チーズをふりかけて完成。

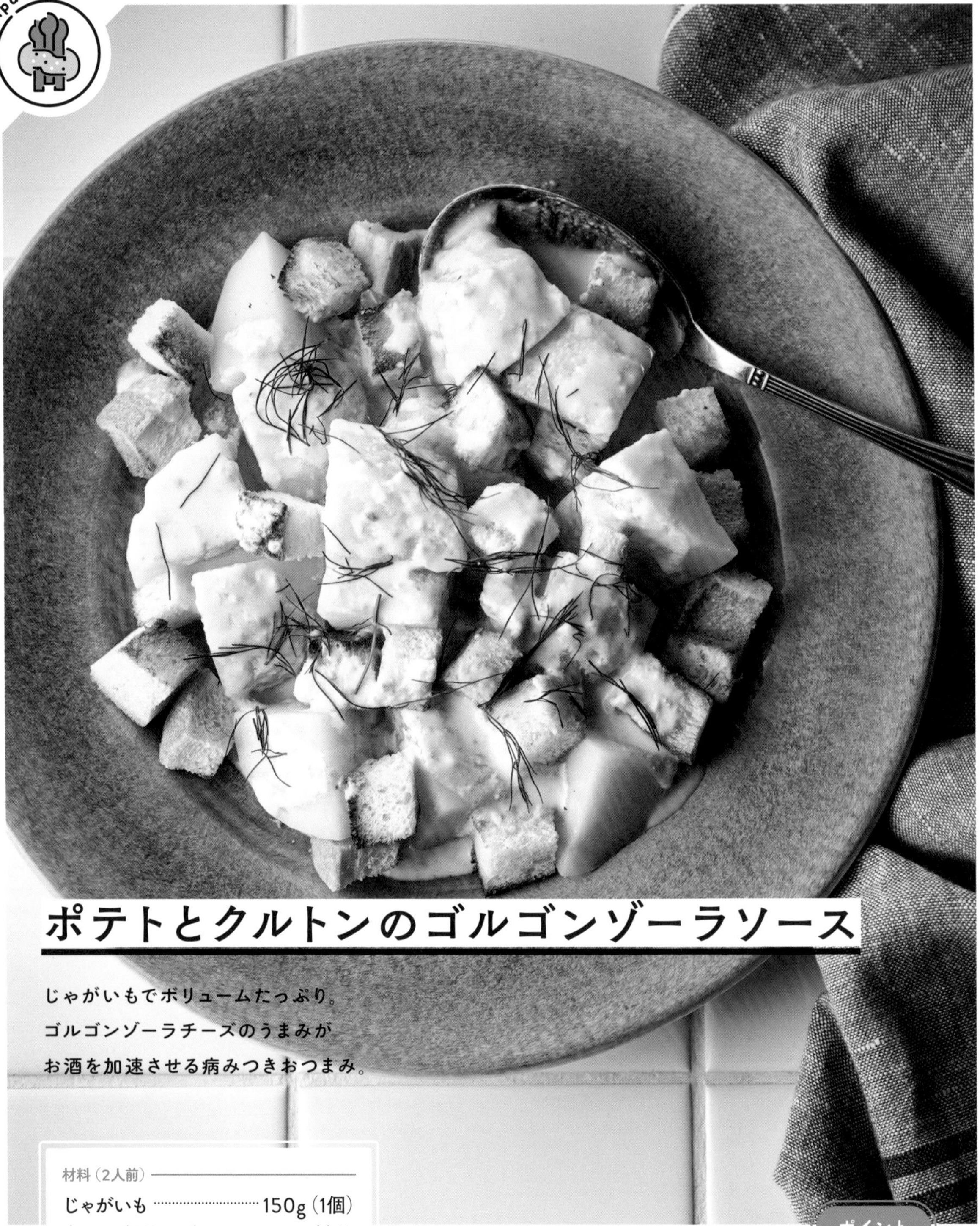

Antipasto

ポテトとクルトンのゴルゴンゾーラソース

じゃがいもでボリュームたっぷり。
ゴルゴンゾーラチーズのうまみが
お酒を加速させる病みつきおつまみ。

材料（2人前）

	じゃがいも	150g（1個）
	食パン（6枚切り）	½枚
	白ワイン	50g
A	ゴルゴンゾーラチーズ	50g
A	牛乳	40g
A	生クリーム	40g
A	塩・こしょう	各適量

ポイント

» じゃがいも以外の野菜も同様においしく食べられます。

» ゴルゴンゾーラソースは肉料理や、魚料理に添えてもアクセントになっておいしい。

Start!

1 鍋に湯を沸かし、じゃがいもは皮をむき、竹串がすっと刺さるまでボイルする。

2 **1**を4cm角にカットする。

食感がアクセントになる。

3 食パンは1cm角にカットして、オーブンやトースターでこんがり焼く。

4 白ワインを鍋に入れ、強火で半量まで煮詰めて火を止める。

チーズの風味を生かすため、余熱で溶かす。

5 **A**を加えて余熱で溶かす。**2**のじゃがいもを皿に盛り、**3**のクルトンをちらしたら、ソースをまわしかけ、仕上げに塩、こしょうで調味して完成。

Antipasto

焼きアスパラと焼きパプリカのイタリアンマリネ

季節の恵みを閉じ込めたマリネ
イタリアでおなじみの
前菜をお手軽に。

材料（2人前）

パプリカ（赤・黄）		130g（各$1/2$個）
グリーンアスパラガス		4本
A	オリーブオイル	70g
	フレッシュバジルの葉	5枚
	ローズマリー	1枝
黒こしょう		適量
バルサミコオイル（P.11）		適量
イタリアンパセリ		適量

ポイント

» パプリカは直火で焼くと甘さが引き出され とろっとした口当たりに。

» アスパラなど食感のはっきりした野菜を加えてアクセントに。

しっかりと中まで火を通す。

Start!

1 ガス火の上に網を敷き、パプリカが真っ黒になるまで直火（中火）で焼く。焦げた皮を流水でむいたら4等分にカットする。

2 アスパラガスも網でじっくりと弱火で焼く。

3 ファスナー付き保存袋に**1**、**2**、**A**を入れる。

じっくり味をなじませる。

4 **3**に黒こしょうをふり、冷蔵庫で一晩マリネしたら皿に盛り付け、バルサミコオイルとイタリアンパセリをちらして完成。

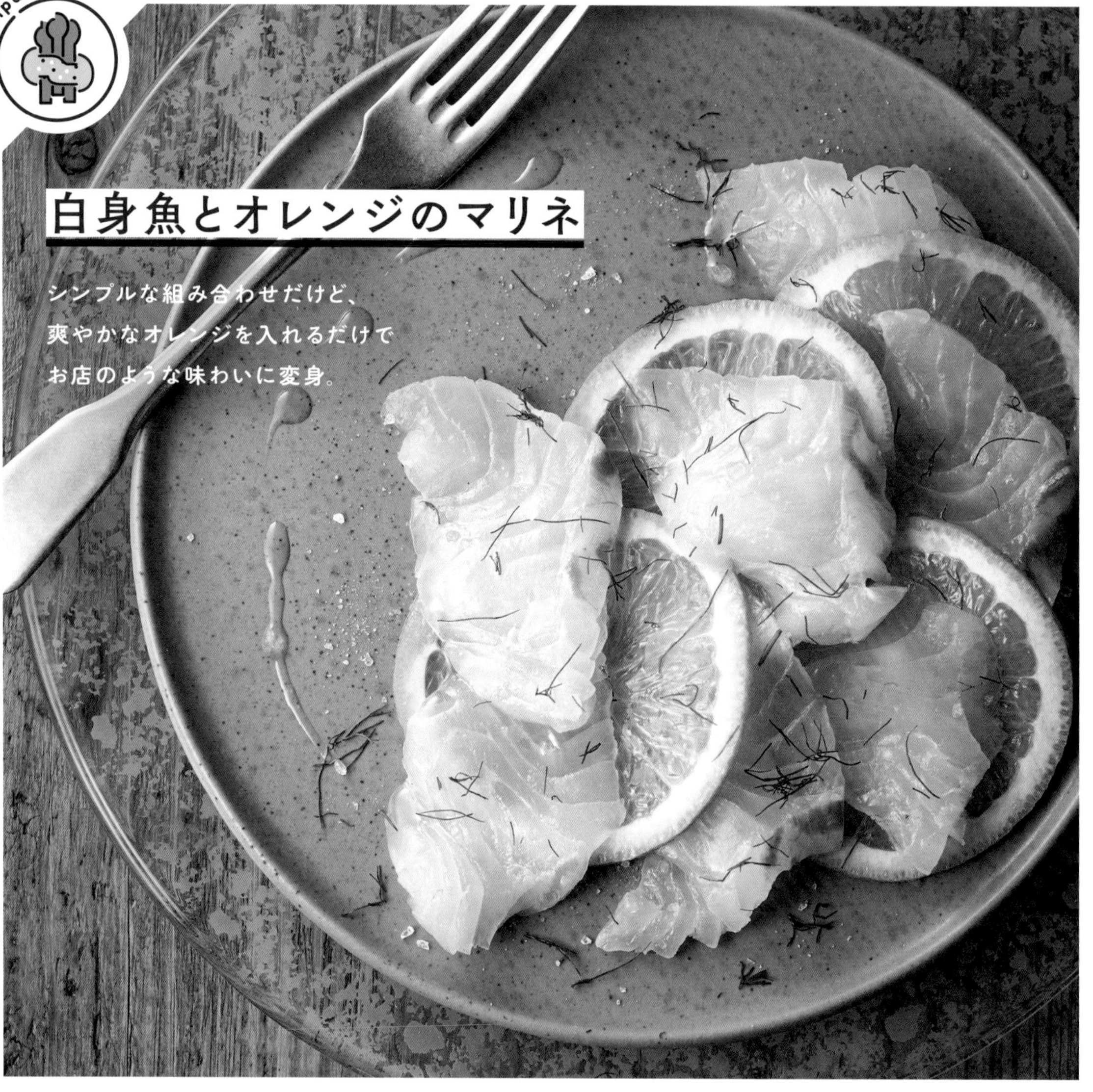

白身魚とオレンジのマリネ

シンプルな組み合わせだけど、
爽やかなオレンジを入れるだけで
お店のような味わいに変身。

材料（2人前）

白身魚のスライス（今回は真鯛）	100g
オレンジ	80g（½個）
オリーブオイル	適量
ディル	適量
塩	ひとつまみ

作り方

1 オレンジを5㎜厚さの輪切りにする。

2 皿に白身魚のスライスと1を交互に並べ、軽く塩をふり、オリーブオイルをまわしかけ、刻んだディルをちらしたら完成。

ポイント

» 白身魚は刺し身用ならそのまま使える。

» 香草とオレンジの見た目と味のコントラストが楽しい。

材料（2人前）

バゲット	4枚
ツナ缶	1缶
玉ねぎ	50g（¼個）
タプナードソース（P.10）	30g
イタリアンパセリ（みじん切り）	適量
黒こしょう	適量
塩	適量

作り方

1 玉ねぎを粗めのみじん切りにする。

2 ツナ缶はオイルをきってボウルに入れ、**1**とタプナードソースを加えて混ぜ合わせる。塩で調味して、黒こしょうをふる。

3 バゲットをトースターで軽く焼き、**2**をのせてイタリアンパセリをちらして完成。

ポイント

» 黒こしょうは挽きたての香りを楽しみたい。

Antipasto

ツナ缶と玉ねぎのブルスケッタ

ちょっと小腹が減ったらすぐにできる。
タプナードソースを混ぜ合わせるだけの
簡単おつまみ。

Antipasto

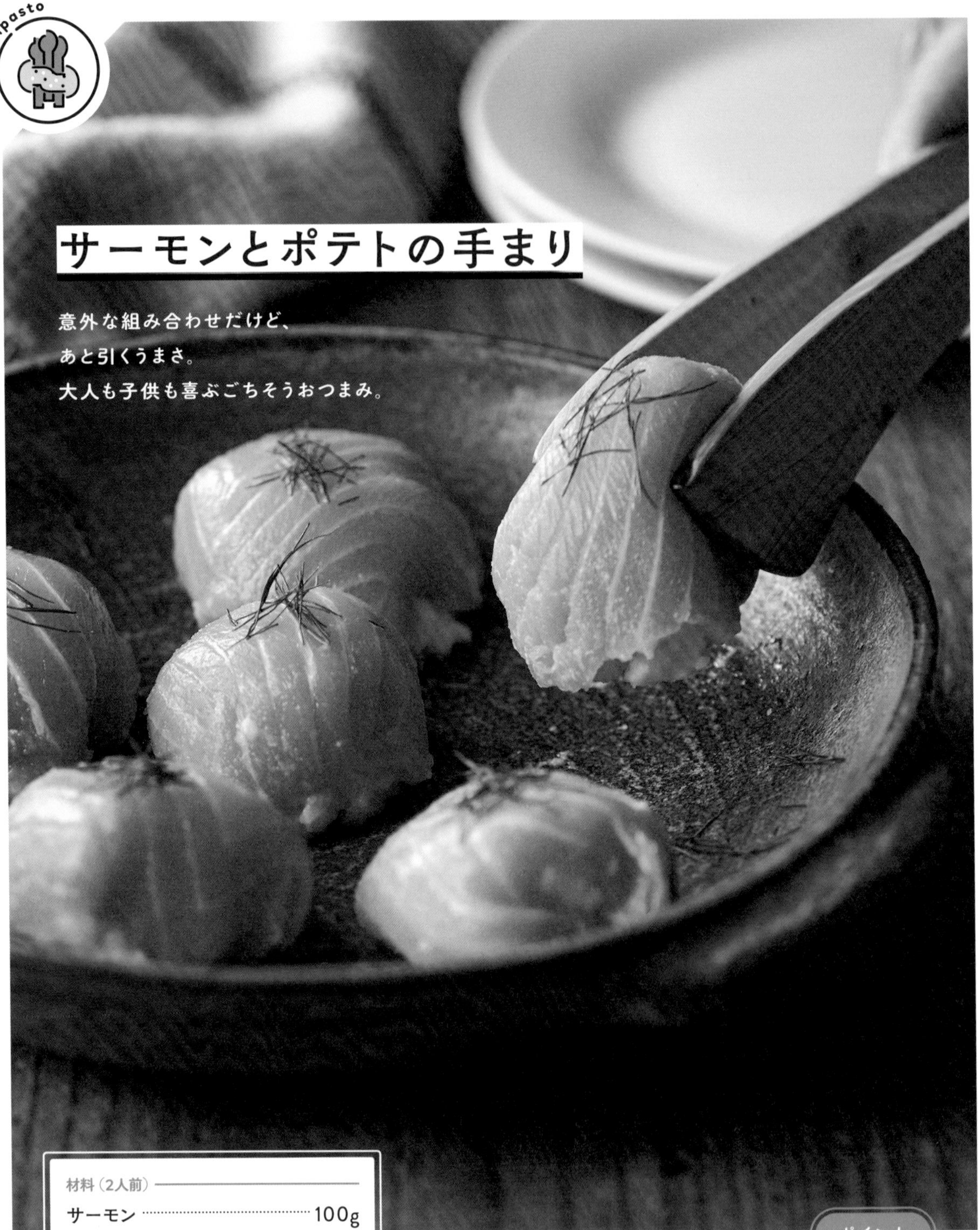

サーモンとポテトの手まり

意外な組み合わせだけど、
あと引くうまさ。
大人も子供も喜ぶごちそうおつまみ。

材料（2人前）

サーモン	100g
じゃがいも	120g（1個）
牛乳	30g
マヨネーズ	10g
塩	ひとつまみ
酢漬けケイパー	5粒
ディル	適量

ポイント

» タネは軽く握るくらいが食べたときの食感がいい。

» スモークサーモンでもおいしい。

Start!

1 サーモンは薄くスライスする。

2 皮をむいたじゃがいもを水に入れて沸騰させる。竹串がすっと入るまで5分ほどボイルする。

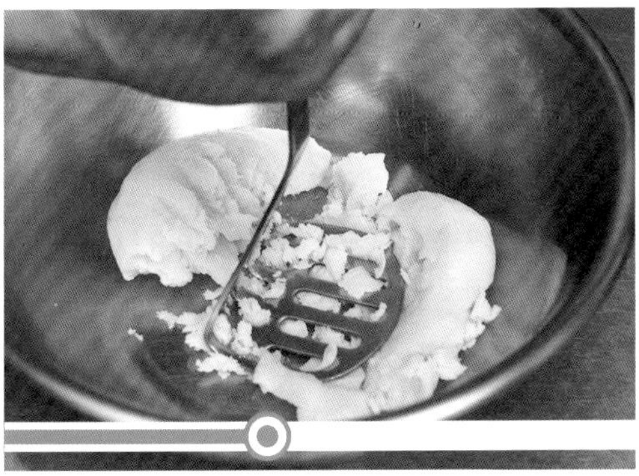

3 じゃがいもをマッシャーなどでつぶす。

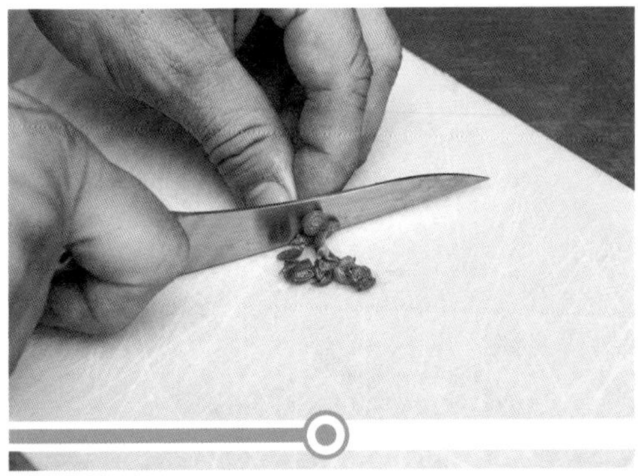

4 ケイパーを細かく刻んで加える。

5 牛乳とマヨネーズを**4**に加えてよく混ぜ合わせる。

6 手のひらにラップを敷き、サーモン、その上から**5**をのせ丸く包んだら皿に盛り付け、ディルをちらして完成。

Antipasto

ミラノ風ミネストローネ

お米が入るから腹持ちもいい。
お酒と一緒に合わせれば、
心もお腹も大満足。

材料（2人前）

玉ねぎ	50g（$\frac{1}{4}$個）
にんじん	50g（$\frac{1}{4}$本）
なす	40g（$\frac{1}{2}$本）
じゃがいも	80g（$\frac{1}{2}$個）
トマト	150g（1個）
ブロッコリー	50g（$\frac{1}{4}$株）
ベーコン	60g
お米	30g
オリーブオイル	40g
塩・こしょう	各適量
粉チーズ	適量

ポイント

» 順番にソテーすることですべての野菜のうまみを引き出す。

» お米を入れるとミラノ風、バジルペーストを加えるとジェノバ風になります。

1 野菜類とベーコンはすべて1㎝角にカットし、野菜ごとに分けておく。

2 鍋にオリーブオイルとベーコンを入れて中火でじっくりとソテーする。

3 玉ねぎ→にんじん→じゃがいも→なす→トマト→ブロッコリーの順に加えて軽く塩をふる。

4 水をひたひたになるまで加えて沸騰させる。

5 お米を加えて30分ほどじっくりと弱火で煮込む。塩、こしょうで調味し盛り付けたら、粉チーズをふりかけて完成。

コーンポタージュ

シンプルな素材だから飽きがこない。
一年を通して楽しめる
人気の定番スープ。

材料（2人前）

コーン缶	300g
玉ねぎ	100g（1/2個）
バター	20g
牛乳	200g
生クリーム	200g
塩	適量

ポイント

» 生のとうもろこしから作ると
さらに濃厚なうまみを楽しめる。

» 玉ねぎをバターでじっくり炒めて甘さと深い味わいを出す。

Start!

1 玉ねぎをみじん切りにする。

焦げないようじっくりと炒める。

2 鍋に **1** とバターを入れたら、玉ねぎが透き通るまで弱火でじっくりとソテー。

3 火を止めたらコーン缶を汁ごと入れ、軽く混ぜて粗熱を取る。

粒が見えなくなるまで
しっかりと混ぜると、
口当たりがよくなる。

4 ミキサーに **3** を入れ、よく混ぜる。

5 鍋に **4** を戻し入れ、生クリームと牛乳を加えて中火で温める。煮立ったら塩で調味して皿に盛りつけ、お好みでオリーブオイル（分量外）をまわしかけて完成。

カラフル野菜のピクルス

色とりどりの野菜が食卓を彩る。
酒にもぴったりの
常備菜があれば毎日が楽しい。

材料（2人前）

	カブ	20g（1/4個）
	きゅうり	1本
	ミニトマト	10個
	大根	120g（1/8本）
A	白ワインビネガー	150g
	水	400g
	塩	15g
	砂糖	15g
	唐辛子	1本
	ホワイトペッパーホール	5粒

作り方

1 **A**を鍋に入れて軽く沸騰させたら、火を止めて粗熱を取る。

2 野菜は食べやすい大きさにカットする。薄くカットしすぎないよう注意する。トマトは縦ではなく横にカットする。

3 保存容器に**1**、**2**を入れて、冷蔵庫で一晩寝かせたら完成。

ポイント

» どんな野菜でも作ることができるが、ラディッシュなどの赤い野菜は酢の効果で色みが抜けほかの野菜に色移りするので、別の容器で漬けて盛り付け時に合わせる。

» 4～5日で食べきってください。

Chapter 4

Primo piatto

パスタ・パン・ご飯

Primo piatto

フレッシュトマトと水菜の冷製カペッリーニ

白ワインが欲しくなること間違いなし
休日の優雅なランチタイムにどうぞ

材料（2人前）

カペッリーニ	80g
トマト	80g（1/2個）
水菜	40g（1/5束）
バジル	2枚
モッツァレラチーズ	30g
生ハム	1枚分
オリーブオイル	20g
塩	適量
黒こしょう	適量

ポイント

» フレッシュトマトは甘みの強い完熟タイプの方がパスタと絡みやすい。硬い場合は湯むきして皮を取り除いた方が食べやすい。

» 水菜に熱を通す時間はかなり短くして、食感を楽しむ。

» オリーブオイルはフチから入れるとゆっくり混ざって乳化しやすい。

1 水菜は5cm程度にカットし、トマトはタネを抜いて1cm角に粗くカットする。

冷水でパスタが締まるため、
少し長めにゆでる。

2 カペッリーニをゆでる。塩分濃度1.5%の湯で袋の表記より1分長くゆでる。

麺がもつ熱で水菜を
クタッと食べやすくする。

3 ゆで上がったパスタをザルにあげたら、**1**の水菜を入れて軽く混ぜ、水菜に軽く熱を通す。

4 **3**を氷水でよく冷やし、しっかりと水けをきる。

加えるイメージで。

5 ボウルに**1**のトマト、**4**、オリーブオイルを加えてよく合わせる。

6 手でちぎったモッツァレラを加えて塩で調味し、皿に盛り付けたら生ハムとバジルを手でちぎってちらす。黒こしょうをふって出来上がり。

Primo piatto

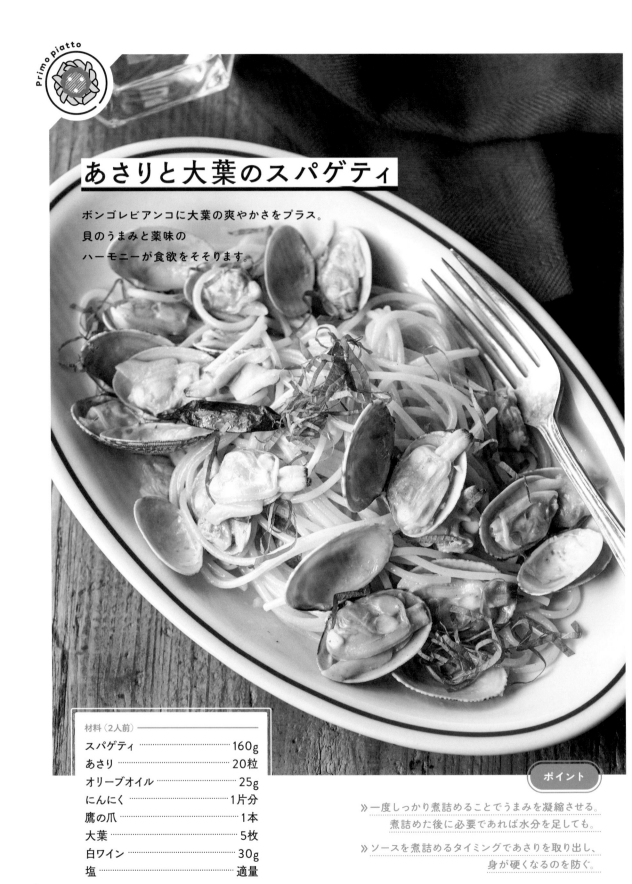

あさりと大葉のスパゲティ

ボンゴレビアンコに大葉の爽やかさをプラス。
貝のうまみと薬味の
ハーモニーが食欲をそそります。

材料（2人前）

スパゲティ	160g
あさり	20粒
オリーブオイル	25g
にんにく	1片分
鷹の爪	1本
大葉	5枚
白ワイン	30g
塩	適量

ポイント

» 一度しっかり煮詰めることでうまみを凝縮させる。煮詰めた後に必要であれば水分を足しても。

» ソースを煮詰めるタイミングであさりを取り出し、身が硬くなるのを防ぐ。

Start!

1 スパゲティをゆでる。塩分濃度1.5％で、ゆで時間は袋の表記マイナス1分が目安。

2 フライパンにみじん切りにしたにんにく、鷹の爪、オリーブオイルを入れ、弱火にかけて香りを引き出す。

水分が入る前に、にんにくを茶色く最高の状態に仕上げる。

3 にんにくがきつね色になったら、あさりと白ワインを加えて強火にし、アルコール分を飛ばす。

4 パスタのゆで汁40gを加えたら中火にする。ふたをしてあさりの殻が開くまで待つ。

この工程をサボると間の抜けた仕上がりになってしまう。

5 あさりを一度取り出したら、フライパンの中の水分がなくなる寸前まで強火で煮詰める。

6 ゆで上がったパスタとあさりを**5**に戻し入れて、全体を混ぜ合わせたら塩で調味する。皿に盛り付け、千切りにした大葉をちらして完成。

Primo piatto

パンチェッタと葉野菜のヴェルデクリーム

濃厚だけど後味がさっぱりのパスタは、
すっきりとした飲み口の
白ワインと合わせたい。

材料（2人前）

スパゲティ	80g
オリーブオイル	20g
パンチェッタ	30g
ほうれん草	20g
サルサヴェルデ（P.9）	20g
生クリーム	35g
牛乳	35g
粉チーズ	20g
塩・こしょう	各適量

ポイント

» 火加減を使い分けると上手に仕上がります。

» パンチェッタとチーズのうまみ×ヴェルデソースの爽やかさが後引くうまさ。

1 フライパンにオリーブオイルと1㎝角に切ったパンチェッタを入れて弱火でソテーする。

2 パンチェッタに焼き色がついてうまみを引き出したら、中火にして5㎝長さに切ったほうれん草を加えてさっとソテーする。

3 スパゲティをゆでる。塩分濃度1.5％で、ゆで時間は袋の表記マイナス1分が目安。

4 ゆで汁30g、生クリーム、牛乳、サルサヴェルデを**2**に加えて中火で温める。

火を入れすぎると香りが落ちるので注意。

5 ゆで上がったパスタを**4**と手早くあえて、塩、こしょうで調味する。

チーズは余熱で溶かす。

6 盛り付け直前に粉チーズを加えて全体を混ぜ合わせたら完成。

Primo piatto

アンチョビと
オリーブのコンキリエ

オリーブとアンチョビのうまみ全開。
簡単だけど、うまい。
だから何度でもリピートしたくなる一皿。

材料（1人前）

コンキリエ	80g
オリーブオイル	20g
にんにく	1片
鷹の爪	1本
アンチョビ	1枚
ブラックオリーブ	5粒
イタリアンパセリ	適量
サルサヴェルデ（P.9）	30g
塩	適量

ポイント

» パスタの種類を変えると、味わいが変わる。
» 弱火でじっくりと香りと辛みをオイルに移す。

1 コンキリエをゆでる。塩分濃度1.5%で、ゆで時間は袋の表記マイナス30秒が目安。

辛みを強く出したい場合は
唐辛子を割って種も熱する。

2 フライパンにオリーブオイルとみじん切りしたにんにく、鷹の爪を入れて弱火にかけ、香りを引き出す。

3 アンチョビと潰したブラックオリーブを加える。

4 ゆで汁30gを加えて混ぜ合わせる。

5 火を止め、ゆで上がったコンキリエ、サルサヴェルデを**4**に加えてよく混ぜ合わせる。塩で調味したら皿に盛り付け、最後にイタリアンパセリを添えて出来上がり。

Primo piatto

サルシッチャとズッキーニのペペロンチーノ

肉のうまみがパスタに力を与えます。
男女問わず酒好きを魅了する豪快パスタ。

材料（2人前）

スパゲティ	160g
オリーブオイル	20g
にんにく	1片
鷹の爪	1本
ズッキーニ	80g（1/3本）
サルシッチャ（P.22）	80g
塩・こしょう	各適量

ポイント

» 市販のサルシッチャを使うときは、中身だけを取り出して使う。
» ソーセージでも代用可。

1 スパゲティをゆでる。塩分濃度1.5％で、ゆで時間は袋の表記マイナス1分が目安。

2 フライパンにオリーブオイル、にんにく、鷹の爪を入れて弱火にかけ、香りを引き出す。

3 一口大にカットしたズッキーニと、手でちぎりながらサルシッチャを加えサッとソテーする。

4 ゆで汁50gを入れて、軽く煮立たせる。

5 ゆで上がったスパゲティの水けをきって**4**に加え、手早く合わせて塩、こしょうで調味。皿に盛り付けて完成。

のりパスタ

意外な組み合わせだけどそのうまさに食欲増進。
磯の香りで酒も進む、新感覚和風パスタ。

材料（1人前）

- スパゲティ……80g
- 焼きのり……1枚
- 生クリーム……45g
- 牛乳……45g
- 粉チーズ……30g
- 柚子こしょう（あるいはわさび）……適量

ポイント

» 火加減を途中で落として、のりをしっかりと溶かす。

» 高級なのりを使うと溶けやすく、さらに香り高く仕上がる。

» 牛乳を使わず生クリーム90gで仕上げるとこってりとした仕上がりに。

Start!

1 スパゲティをゆでる。塩分濃度1.5％で、ゆで時間は袋の表記マイナス2分が目安。

2 フライパンに生クリームと牛乳を入れて軽く沸騰させる。

しっかり時間をかけてのりを溶かす。

3 **2**を弱火にして、パスタのゆで汁70gとのりを加えて溶かす。

4 ゆで上がったパスタを**3**に加えて軽くあえる。

柚子こしょうかわさびはお好みで。味の変化を楽しむ。

5 粉チーズを加え、柚子こしょうかわさびを混ぜたら出来上がり。

Primo piatto

揚げなすと
大根おろしの冷製パスタ（ジョー作）

油を吸ったなすと、さっぱりとした大根を
めんつゆでいただく冷製パスタ。
休日のランチビールと
一緒にどうぞ。

材料（1人前）

スパゲティ	80g
長なす	1本
大根	80g
揚げ油	適量
めんつゆ（ストレート）	60g
和風だし	3g
大葉（千切り）	適量

ポイント

» 大根おろしは水けをきらないでジューシーに仕上げる。

» なすの素揚げは野菜から出る泡が少なくなったらOK。

Start!

1 スパゲティをゆでる。塩分濃度1.5％で、ゆで時間は袋の表記プラス2分が目安。

2 なすを乱切りして素揚げする。大根をおろす。

しっかりと冷やす。

3 ボウルにめんつゆ、だし、揚げたなすを入れて冷蔵庫で冷やす。

4 スパゲティがゆで上がったら冷水でしっかり締める。

5 **4**を**3**とよくあえたら、大根おろしを加えて軽く混ぜる。皿に盛り付け、大葉をちらして出来上がり。

Primo piatto

ケチャックリパスタ（ライ作）

子供が好きなものしか入ってないけど
大人だっておいしくいただけるワンパンパスタ。
ビールと一緒に召し上がれ。

材料（1人前）

- ペンネ……100g
- 水……250g（なくなったら足す）
- ツナ缶（オイル入り）……1個
- ケチャップ……60g
- 生クリーム（もしくは牛乳）……50g
- 粉チーズ……適量
- イタリアンパセリ……適量

ポイント

» フライパンひとつで仕上げるワンパンパスタ。

» 粉チーズの量を多めにするとコクが出る。

汁ごと入れてうまみをすべていただきます。

Start!

1 フライパンにツナ缶を汁ごと入れて軽く炒める。

2 ツナの水分が飛んだら、水、ケチャップ、生クリームを加えて煮立たせる。

水分がなくなりそうなら足してください。

3 パスタをそのまま加えてゆでる。表記時間より2分長くゆでる。

4 もったりとしたら皿に盛り付け、みじん切りにしたイタリアンパセリをちらして仕上げに粉チーズをかけて完成。

揚げピザ

失敗知らずの簡単ピザはホームパーティーにもってこい。
お店レベルの味を堪能してください。

材料（2人前）

薄力粉	100g
強力粉	80g
水	110g
塩	3g
ドライイースト	1g
トマトソース（P.8）	70g
モッツァレラチーズ	50g
バジル	2枚
揚げ油	適量

ポイント

» 何を詰めてもOKだが、
具材を生地でしっかりと包み込まないと漏れるので注意。

» 家庭用オーブンだと硬い仕上がりになってしまうが、
油で揚げればお店のような仕上がりに。

» こねる前に水分を粉の全体に行きわたらせるように。

Start!

1 ボウルに粉類を合わせてふるっておく。

2 別のボウルに水、イースト、塩を合わせて溶かしておく。

しっかりと冷やす。

3 **1**に**2**を加えて10分ほどしっかりこね、ラップで包んで常温で30分寝かせたら**2**を丸く形を整えて、保存容器に入れ、冷蔵庫で一晩休ませる。

4 打ち粉（薄力粉・分量外）をしいた台で**3**の生地をのせて、麺棒などを使って25㎝程度に丸く伸ばす。

具材はのせすぎない。

5 **4**の生地の下半分に、トマトソース、手でちぎったモッツァレラチーズ、バジルをちらす。

しっかりと端を押さえて閉じる。

6 半分にたたみ、端をしっかり押さえて閉じる。180℃の油で揚げ、表面がきつね色になったら、ひっくり返す。両面が色づいたら完成。

Primo piatto

きのこの
トマトリゾット

きのこのうまみがごはんをやさしく包む。
チーズのうまみと重なり、
口の中が幸せいっぱいに。

材料（2人前）

ごはん	150g
オリーブオイル	10g
にんにく	1片
きのこ（しめじなど）	60g
トマトソース（P.8）	90g
バター	10g
粉チーズ	20g
イタリアンパセリ	適量
塩・こしょう	各適量

ポイント

» バターを最後に使うことで風味を生かす。

» きのこは弱火で加熱して
うまみをしっかりと引き出す。

手でさくと風味がよい。

Start!

1 にんにくをみじん切りに、きのこは食べやすい大きさに手でさく。

2 フライパンにオリーブオイルとにんにくを入れて弱火にかけ、香りを引き出す。

味出しの塩で、うまみを引き出す。

3 きのこを**2**に加えたら軽く塩（分量外）をふって、弱火でじんわりと火を通す。

4 水70mlとトマトソースを加えて温める。

5 ごはんを加えて、全体を混ぜ合わせたら塩で調味する。

チーズには余熱で火を通す。

6 火を止め、粉チーズとバターを加えて混ぜ合わせ、皿に盛り付ける。最後にみじん切りにしたイタリアンパセリと粉チーズ（分量外）をちらして完成。

Primo piatto

冷やごはんの
簡単チーズリゾット

冷えたごはんだからできる大胆アレンジ。
余り物をリメイクしたとは思えない完成度。

材料（2人前）

ごはん	150g
バター	10g
オリーブオイル	10g
にんにく	1片
牛乳	50g
生クリーム	50g
シュレッドチーズ	40g
粉チーズ	30g
塩	適量
黒こしょう	適量
イタリアンパセリ	適量

ポイント

» ゴルゴンゾーラなどを加えても風味豊かに仕上がる。強い個性を持ったチーズとの相性を楽しみたい。

» フライパンにくっついてしまうので、チーズを合わせたら手早く盛り付ける。

Start!

1 にんにくをみじん切りにする。

しっかりと香りを引き出す。

2 フライパンにバターとオリーブオイル、にんにくを入れて、弱火にかけ、香りを引き出す。

3 牛乳と生クリームを加えて中火で温める。

4 ごはんを加えて、よく混ぜ合わせる。

チーズに火を入れすぎない。

5 塩、黒こしょうで調味したら火を止める。シュレッドチーズを加えて全体を合わせ、余熱でチーズを溶かす。皿に盛り付けて刻んだイタリアンパセリ、粉チーズ、黒こしょうをちらして完成。

Column 02

食材にこだわってみる

どうしたらおいしい料理を作れるのかと聞かれることがあります。答えは意外と簡単で、前にも書いたように「きちんと計量をする」、そして「いい材料を使う」ことだと私は考えています。

いい材料とはなんでしょう。旬の野菜に新鮮な肉や魚介。どれもみずみずしく味が濃いものばかりですから、塩をふって焼くだけで、十分においしい料理に仕上がることでしょう。

ただ、どんな料理にも言えるのですが、いいものだけを使えばいいというわけではないのが料理の難しいところ。たとえば、濃厚なうまみを持つソテーに、上質なオイルをかけてしまうと、味が喧嘩をすることもあります。うまいけどなんだかぼんやりしている、という残念な結果になります。

どの食材のうまみを生かすかを考えて、そのために必要なものを逆算するといいかもしれませんね。

塩を加えるタイミングで
味が変わるのも、
料理の面白いポイントです。

Chapter 5

Dolce

ドルチェ

Dolce

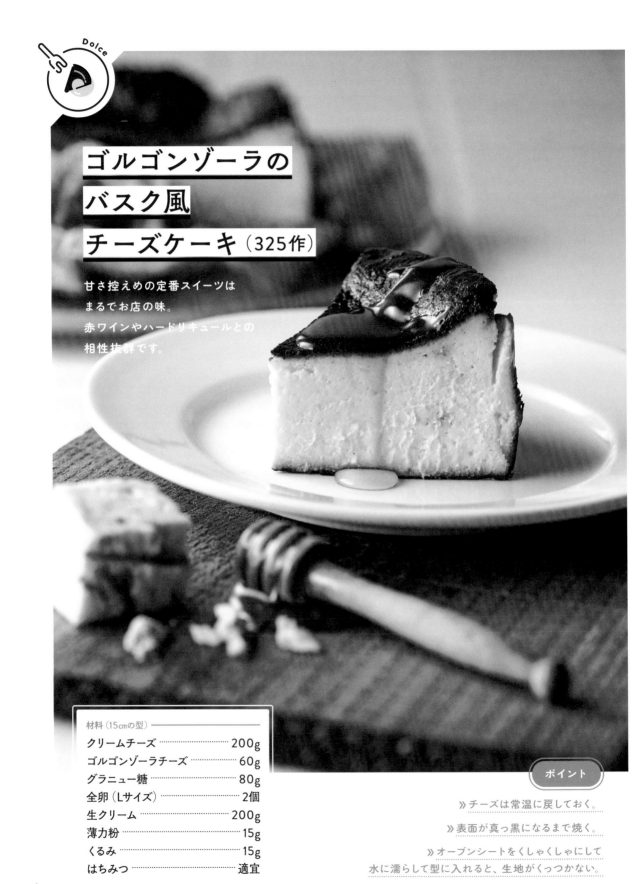

ゴルゴンゾーラのバスク風チーズケーキ（325作）

甘さ控えめの定番スイーツは
まるでお店の味。
赤ワインやハードリキュールとの
相性抜群です。

材料（15cmの型）

クリームチーズ	200g
ゴルゴンゾーラチーズ	60g
グラニュー糖	80g
全卵（Lサイズ）	2個
生クリーム	200g
薄力粉	15g
くるみ	15g
はちみつ	適宜

ポイント

» チーズは常温に戻しておく。

» 表面が真っ黒になるまで焼く。

» オーブンシートをくしゃくしゃにして水に濡らして型に入れると、生地がくっつかない。

Start!

1 くるみはオーブンでローストする。その他の材料は常温に戻しておく。

2 クリームチーズ、ゴルゴンゾーラチーズ、グラニュー糖をボウルに入れて泡立て器でよく混ぜる。

3 溶いた卵を2〜3回に分けて加え、よく混ぜる。

少しずつ入れてしっかり混ぜる。

4 生クリームを少しずつ加えてよく混ぜる。

5 薄力粉を加えてよく混ぜたら、別のボウルにザルでこして入れる。

表面が真っ黒になるまで焼きます。

6 **1**のくるみを敷き広げた型に**5**をそっと流し入れ、210度に予熱したオーブンで25〜30分焼いて完成。

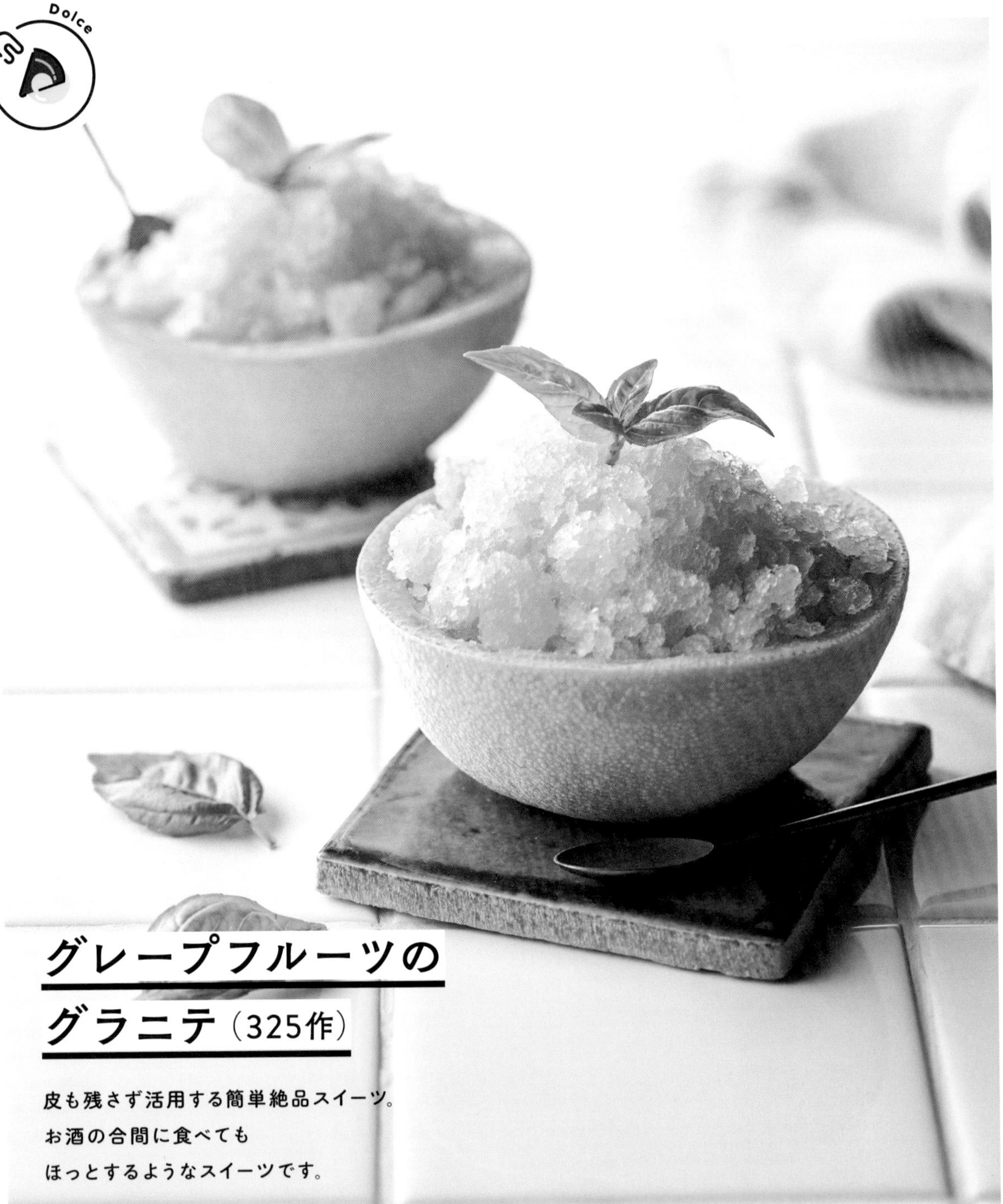

グレープフルーツのグラニテ（325作）

皮も残さず活用する簡単絶品スイーツ。
お酒の合間に食べても
ほっとするようなスイーツです。

材料（2人前）

グレープフルーツ	1玉
グラニュー糖	25g
水	80g
バジル	3枚（2枚は飾り）

ポイント

» バジルを加える際にパン！と叩くと香りがアップ。
» 冷やしかためるときは大きめのバットで薄くはる方が早く凍る。
» こまめに崩すことで、ふんわりとした食感に仕上がる。

皮は容器に使うので、
底を平らにカットしておく。
Start!

1 グレープフルーツを半分に切って果汁を搾ったら、薄皮を取ってきれいにして冷凍する。

2 鍋にグラニュー糖と水を入れて沸騰させる。火を止めたらバジルを1枚入れて10分ほどおいておく。

3 バットに**2**を入れ、氷水で冷やして粗熱を取ったら、**1**のグレープフルーツ果汁を加える。

ざくざくと全体を混ぜる。

4 冷凍庫に**3**を入れて30分ほどたったらフォークでほぐす。

5 **4**を3回繰り返して、容器代わりの**1**の皮に盛り付け、バジルをちらしたら完成。

Dolce

焼かないリッチななめらかプリン（まっこ作）

卵をたくさん使った贅沢スイーツ。
ブランデーやウイスキーと
一緒に食べるのがおすすめです。

材料（作りやすい分量）

牛乳	300g
生クリーム	100g
グラニュー糖	50g
卵	2個
卵黄	1個分
粉ゼラチン	5g
水	30g
〈カラメルソース〉	
グラニュー糖	40g
水	5g
お湯	45g

ポイント

» カラメルはお湯を入れると飛び散るので注意。

» お好みで **2** でバニラビーンズを適量入れてもおいしい。

1 小さなボウルに水と粉ゼラチンを入れ、軽く混ぜてふやかす。

2 鍋に牛乳とグラニュー糖を入れ、滞騰寸前まで温めたら火を止める。**1** を加えて溶かし、さらに生クリームを加える。

しっかりこすことで
食感がよくなります。

3 大きめのボウルに全卵と卵黄を入れて溶きほぐす。**2** を加えてよく混ぜたら、こし器でなめらかにする。

4 氷水に **3** のボウルをあてて、冷やしながら少しとろみがつくまで混ぜる。その後容器に入れて冷蔵庫で冷やしかためる。

5 カラメルソースを作る。鍋にグラニュー糖と水を入れたら火にかけ、溶けてカラメル色になったら火を止めてお湯を加える。よく冷まして、**4** にお好みでかけたら完成。

Dolce

カレーのスパイスクッキー（まっこ作）

スパイスの香りが食欲をそそる。
食べやすいから後を引く。
お酒も止まりません。

材料（作りやすい分量）

A	カレー粉	4g
	強力粉	40g
	薄力粉	30g
B	バター	30g
	グラニュー糖	4g
	塩	ひとつまみ
牛乳		25g
ブラックペッパー		適量
粉チーズ		適量

ポイント

» バターは常温に戻しておく。

» クミン、ターメリック、コリアンダーを1:1:1で混ぜたものを**5**でかけると、香りと風味に奥行きが出る。

» スティック状にすると食べやすい。

しっかりとふるう。
Start!

1 ボウルに**A**を合わせてふるい、混ぜ合わせる。

2 別のボウルに**B**を入れよく混ぜたら、牛乳を加えてさらに混ぜる。

ぼろぼろとした
手触りが目安。

3 **2**に**1**を加えて、そぼろ状になるまで混ぜ合わせる。

4 麺棒などで生地を伸ばしたら、ふたつに折り曲げて伸ばす。これを数回繰り返す。薄く平らに伸ばしたら冷蔵庫で30分〜1時間休ませる。

5 冷蔵庫から取り出しスティック状にカットしたら、カレー粉と塩（分量外）を少々、さらにブラックペッパー、粉チーズをたっぷりかけて、180度に予熱したオーブンで15分ほど焼き色がつくまで焼く。取り出して粗熱を取ったら完成。

Ristorante
fioria

Epilogue

イタリアンおつまみで家飲みを贅沢に

『Chef Ropia 極上のイタリアンおつまみ』を最後までお読みいただき、誠にありがとうございます。お気に入りのレシピは見つかったでしょうか？

料理は、食べるたびに味わいだったり、感じ方が違うものです。

味わいに関しては僕たち料理人であっても、まったく同じものは作ることは難しいのです。例え同じ食材を使い、調味料も同じ分量で作っても、毎日味わいは微妙に変わります。だからこそ料理を作ることは楽しいとも考えています。

また、食べ手の感じ方や記憶も大きいですよね。一度「おいしい！」と感動したものを再び食べたときに、最初に食べたときと同じくらい心を動かすことは、実は大変なことなのです。

どのような順番で、どのような組み合わせにすれば感動を与えられるのか、これを考えるのが僕たち料理人の仕事です。

そこで一番重要なのが「はじめに」にも書いた通り、一番最初に口にするおつまみです。

食事が始まる一番先に楽しむおつまみがおいしく美しければ、その後の料理も十分に楽しめ、会話にも花が咲きます。

ここで紹介した55個のレシピが、皆さんの素敵な食事のはじまりを彩ることができれば、大変嬉しく思います。

Chef Ropia
小林諭史（こばやし　あきふみ）

1980年5月15日、長野県生まれ。イタリア料理店『リストランテフローリア』オーナーシェフ。同店の経営と並行して、イタリアンのコツをわかりやすく伝えるレシピや、プロの技を惜しみなく公開するYouTubeチャンネル『Chef Ropia』を運営すると人気爆発。「オムライス仕込みから提供まで」は458万回視聴。チャンネル登録者数は現役シェフトップクラスの50万人オーバー(2021年9月現在)で、総視聴回数は1億回突破。

YouTube　Chef Ropia
Twitter　@ropia515
Instagram　chef_ropia

Chef Ropia
極上のイタリアンおつまみ

2021年10月10日　初版発行

著者……Chef Ropia 小林諭史
発行者……横内正昭
編集人……青柳有紀
発行所……株式会社ワニブックス
〒150-8482
東京都渋谷区恵比寿 4-4-9
えびす大黒ビル
電話　03-5449-2711（代表）
03-5449-2716（編集部）

ワニブックスHP　https://www.wani.co.jp/
WANI BOOKOUT　http://www.wanibookout.com/
WANI BOOKS NewsCrunch　https://wanibooks-newscrunch.com/

ISBN978-4-8470-7074-7

staff

アートディレクション……細山田光宣
装丁・本文デザイン……鎌内文、長坂凪、橋本葵（細山田デザイン事務所）
撮影……市瀬真以
フードスタイリスト……佐藤絵理
構成……キンマサタカ（パンダ舎）
校正……東京出版サービスセンター
編集……小島一平（ワニブックス）

印刷所……大日本印刷株式会社
DTP……有限会社 Sun Creative
製本所……ナショナル製本